Johann Friedrich Reichardt

Joh. Friedrich Reichardt über die Deutsche komische Oper n

ebst einem Anhange eines freundschaftlichen Briefes über die musikalische Poesie

Johann Friedrich Reichardt

Joh. Friedrich Reichardt über die Deutsche komische Oper n
ebst einem Anhange eines freundschaftlichen Briefes über die musikalische Poesie

ISBN/EAN: 9783743608573

Hergestellt in Europa, USA, Kanada, Australien, Japan

Cover: Foto ©ninafisch / pixelio.de

Manufactured and distributed by brebook publishing software
(www.brebook.com)

Johann Friedrich Reichardt

Joh. Friedrich Reichardt über die Deutsche komische Oper n

Joh. Friedrich Reichardt

über die

Deutsche comische Oper

nebst

einem Anhange

eines freundschaftlichen Briefes

über die

musikalische Poesie.

Hamburg,
bey Carl Ernst Bohn.
1774.

Ueber die
deutſche comiſche Oper.

Es iſt wohl keine Meynung allgemeiner, als dieſe, daß die Deutſchen in den Künſten nur Nachahmer ſind. So sehr dieſes auch von vielen unſrer Künſtler gelten mag, ſo thut man doch gewiß ſehr unrecht, daß man nach dieſen die ganze Nation beurtheilt; und ich bin verſichert, daß man ſich ſehr oft vom Gegentheil überzeugen könnte, wenn man ſich nur die Mühe geben wollte, genaue und ſorgfältige Unterſuchungen anzuſtellen.

Die ganze artige Welt bewundert anjetzo die italieniſche und franzöſiſche comiſche Muſik, und ſieht die deutſche nur, als eine neu angehende Sache, mit Verachtung über die Achſeln an. Wie groß muß aber nicht Ihre Verwunderung seyn, meine Herren und Damen, wenn ich ihnen sage, daß die Deutschen die erste comische Musik gehabt haben, und das schon zu Anfange des vorigen Jahrhunderts. Ich will Ihnen darüber eine kleine Geschichte erzählen.

Es lebten zu der erwähnten Zeit zwölf Bache, als Organisten und Cantoren, in verschiedenen kleinen Städten von Ober- und Niedersachsen. Diese kamen jährlich einmal in Eisenach oder Arnstädt zusammen, um unter sich musikalische Belustigungen anzustellen. Wenn sie nun — freylich frömmer, als wir artigen Leute heut zu Tage sind — einmüthiglich einen Choral angestimmet hatten; so fiengen sie gemeinschaftlich an, musikalische Quodlibets zu machen, die eine solche wahre comische Musik haben, daß die ernsthaftesten Männer, bey dem bloßen Ansehen derselben, nicht aus dem Lachen kommen können. Außer diesen führten sie auch noch andere comische Musiken unter sich auf, die alle äußerst comisch waren.

Auch hat man noch aus dem vorigen Jahrhunderte comische Opern und einen Hamburger Jahrmarkt, dessen Musik überaus comisch ist. Und ich glaube gewiß, daß viele unter Ihnen, meine galanten Kunstrichter! nicht einmal wissen, daß auch
Tele=

Telemann bald zu Anfange dieses Jahrhunderts eine Menge comischer Opern geschrieben hat, die in Hamburg aufgeführet wurden. Daß diese sich aber nicht weiter verbreitet und endlich gar ins Vergessen gerathen sind, daran war wohl die deutsche Poesie und die deutsche Singart schuld.

In beyden waren wir leider so weit zurückgeblieben, daß wir noch in der allergrößten Finsterniß, auf Kindesbeinen wandelten, da andere benachbarte Nationen schon den hellesten Glanz des Ruhmes um sich her verbreiteten.

Und in dem Gesange sind wir leider noch so weit zurück, daß ein jeder Patriot, unwillig darüber, mit wahrem Eifer wünschen muß: es wolle bald der Zeitpunkt kommen, da wir uns auch hierinnen so mächtig empor schwingen möchten, als es die deutsche Poesie seit weniger Zeit gethan.

So lange dieses aber nicht geschieht, dürfen wir uns auch die Erfindung der comischen Musik für keine Ehre anrechnen: denn kann die Erfindung einer Sache, die keinen guten Endzweck hat, Ehre bringen? —

Eben so müssen wir uns auch noch unsrer comischen Singetheater schämen: denn wenn durch die comischen Opern nicht wenigstens der gute Gesang unter uns allgemeiner gemacht wird; so schaffen sie schlechterdings keinen Nutzen: können aber wohl den Geschmack der Nation verderben.

Aber das Vergnügen der Zuschauer und Zuhörer? — O mein Herr, hätten Sie, für ihre comische Oper, sich lieber bemüht, ein schönes Lustspiel, eine Minna, eine Amalia zu schreiben: so würden Sie das Publicum mehr und auf eine beßre Art vergnügt haben: und das sittliche Gefühl, das gesellschaftliche Leben, der gute Geschmack? —

Doch kein Wort mehr hiervon. Sie sind einmal da und haben eine solche Menge eifriger Anhänger, daß alles Predigen darwider gewiß fruchtlos seyn würde. Man suche sie also lieber zu verbessern, um ihr dadurch die Nutzbarkeit zu geben, die ihr möglich ist.

Diese Verbesserung aber wird sich nicht nur allein auf den Gesang erstrecken müssen, für den Herr Hiller itzt so patriotisch arbeitet; sie wird auch den mehresten unsrer deutschen Opern-Componisten nöthig seyn.

Alles componirt itzt Operetten; und, hundert gegen eins, nicht der zehnte denkt dabey. Erfinden — dessen itzt gar nicht zu erwähnen. Wenn die alten und jungen Herrn, die nun alle comische

Laune

Laune haben wollen, doch nur wenigstens die besten Muster, oder, um mich bey dieser Gelegenheit eigentlicher auszudrücken, das beste Muster, so sie vor sich haben, studiren und sehen wollten, wie dieser zu Werke gegangen, was dieser dabey gedacht, und wie er es ausgeführet habe.

Um ihnen hierinnen einigermaßen behülflich zu seyn, glaube ich nichts besseres thun zu können, als wenn ich hier eine von den Opern des Herrn Hiller zergliedere. Dieser verdienstvolle Componist ist nicht nur, unter uns Deutschen, der erste gute comische-Opern-Componist gewesen, sondern nach der bisherigen Beschaffenheit derselben, ist er auch gewiß ein sehr gutes Muster darinnen.

Herr Hiller gab unsrer comischen Oper die Gestalt, die sie anjetzo hat. Er kannte die französischen und italienischen comischen Opern; er nahm da heraus, was ihm gefiel, verwarf, was er unschicklich fand, und machte sich eine Form, die der Natur und unsrer Sprache angemessener ist, mehr aber noch unsrer elenden Sänger wegen nothwendig war.

Er verwarf die langen weitschweifigen Arien: denn er wußte, daß dieses fürs Comische unschicklich ist. Man sieht es auch schon in der Sprache; wenn jemand einen witzigen Einfall dehnt, und mit vielen weitschweifigen Worten vorträgt, so verliert

er seine Spitze (Pointe). Alle schlechte Erzähler geben Beyspiele hiervon.

Ich glaube, daß dieses die italienischen Componisten auch wohl wissen mögen: allein sie thun es dennoch, und zwar ihrer Sänger wegen, die sonst keine Gelegenheit haben würden, sich zu zeigen, und denen man es gerne erlaubt, daß sie einen durch ihren Gesang auf Kosten der Natur und der Poesie vergnügen; da die Poesien ihrer comischen Opern ohnedem so abscheulich sind, daß man es wünscht, sie nicht zu verstehen. Allein bey uns ist der Fall in beyden Stücken sehr verschieden.

Indessen konnte H. H. die großen Arien doch nicht ganz verwerfen, sondern behielt sie nur zum Unterscheidungszeichen edlerer Personen vor, wenn die in der Gesellschaft natürlicherer Menschen auftreten. Ich finde dieses sehr schicklich, und besonders alsdenn, wenn ich die Galerie, über jenen König, oder diesen Hofmann, mit dem weit aufgesperreten Maule, lachen höre.

Aber auch selbst in diesen großen Arien hat sich H. H. der überflüßigen Ausdehnungen der Worte enthalten. Es ist dieses höchst nothwendig bey unser deutschen Sprache, wenn die Musik nicht äufferst widersinnig im Verhältniß zur Poesie seyn soll. Denn wie selten kommen in unsrer deutschen

Sprache

Sprache die Worte vor, wo die lange Sylbe einen offenen Vokal hat, und wo das Wort dabey an und vor sich selbst so viel Bedeutung hat, daß es zu einem so hervorstechenden Ausdrucke wichtig genug ist, und offen muß der Vokal dazu seyn, sonst singt ja der Sänger die Menge der gezerrten Töne mit verschlossenem Munde: die erste Regel des Gesanges aber ist, mit offenem Munde zu singen.

Alsdann ist aber diese Zerrung der Worte auch an sich selbst höchst unnatürlich und ohne allen Endzweck, wenn man sie nicht des Sängers Kehle wegen schreibt. Und aus diesem Grunde, glaube ich, müßten wir sie noch ganz und gar nicht schreiben. Denn es für solche Leute zu thun, die mit heiser Stimme und klebrichtem Halse jeden Ton einzeln hinauswürgen, das hieße ja große Zurüstungen für jemanden zu künstlichen Sprüngen machen, der mir hernach auf allen Vieren auf dem Gerüste herum kröche, und seine Zuschauer für so einfältige Geschöpfe hielte, daß er ihnen dieses für Kunststücke geben wollte. Und was sind jenes anders, als Kunststücke, die bloß darauf abzwecken, um die Fertigkeit der Kehle zu zeigen.

H. H. hat sich zu seinen Arien eine eigene Form gemacht, die vielleicht bey ihm aus dem französischen Rondeau entstanden ist, nichts weniger aber als

als Rondeau selbst ist. Ohne den ersten Theil der Poesie in zwey verschiedenen Abtheilungen hintereinander zu singen, singt er gleich, gemeinhin nach dem Schluße in der Quinte des Hauptones den zweyten Theil der Worte, und läßt hernach die ersten Worte ganz oder auch nur zum Theil, nachdem es der Affekt des Stücks erfordert, mit dem Thema wiederholen. Ich werde Gelegenheit haben, dieses bey einer Arie genauer aus einander zu setzen, wo H. H. das Da Capo so vortreflich, ganz nach der Natur der Leidenschaft eingerichtet hat, daß man ihn allein nach dieser Arie schon hochschätzen muß.

Am allerhäufigsten hat H. H. in seinen comischen Opern die Form des Liedes gebraucht, und dieses finde ich sehr anpassend. Er hat seine Lieder aber weder so schleppend und gedehnt, wie die mehresten italienischen, noch so mager und monotonisch, wie viele französische gemacht. Sie sind also von dem unnatürlichen Gesange und von der gar zu natürlichen, ich meyne gar zu einförmigen Deklamation gleich weit entfernt.

Wenn man die französischen Lieder (Chançons) aus ihrem rechten Gesichtspunkte betrachtet; so muß man ihnen freylich wohl Beyfall geben: denn der Franzos will: das Lied sey so, daß ichs
zum

zum zweyten male mit singen kann. Und nicht wenige gehen in Paris bloß deshalb in die Oper, um auf den Abend neue Gesänge beym Weine zu haben. Hierzu muß nun der Gesang freylich nicht viel Neuheit und Schwierigkeit haben, und überhaupt nicht viel Töne haben, sonst möchte dem guten Manne, dem sein Wein ohne Lied nicht schmeckt, seine gute Absicht vereitelt werden.

Allein wir ehrlichen Deutschen, denen der Wein auch ohne Lied schmeckt, wir wollen im Theater nicht erst so viel Wasser (a) zu uns nehmen, um uns den Wein wohlschmeckender zu machen. H. H. hat für uns so den rechten Fleck getroffen, und darum lieben wir ihn auch alle, die wir von Neid und Scheelsucht frey sind; und die wir Glückliche mit warmen Gefühle für das wahre Schöne und Rührende, von der Natur beschenket worden sind.

In der Schilderung und Behauptung der Charaktere übertrifft H. H., meiner Meynung nach, alle comische-Opern-Componisten aller andern Nationen. Er ist hierinnen wirklich in diesem Fach das, was Hasse in der ernsthaften Oper ist. Schon

---

(a) Es sey ferne, daß ich dieses von allen französischen Chançons sagen sollte. Philidor, Monsigny und Gretry haben einige so allerliebste Stücke von der Art gemacht, daß man sie trotz ihrer Simplikität nie überdrüßig werden kann. Und dieses dünkt mich ist der stärkste Beweis dafür, daß die wahre edle Einfalt darinnen herrscht.

Schon an den Symphonien seiner Opern wird man gewahr, wie er den Charakter des ganzen Stücks vorhero aufs sorgfältigste überdenkt; und nun studiret er jeden Charakter, mit allen seinen feinsten Nüancen. Und hat er ihn einmal gefaßt, so läßt er ihn auch keinen Augenblick aus den Augen. Ich habe in seinen Opern sehr selten einen Zug gefunden, der eine Verfehlung der Charaktere anzeigte; und für jenen hat er vielleicht noch eine Entschuldigung, die ich nicht einsehe.

Man wirft dem Herrn H. die Einförmigkeit im Gesange vor. Klügere Leute finden hierinnen eine sehr weise Oekonomie seiner Gedanken; und schätzen ihn von dieser Seite ganz besonders hoch. Wenn er das Thema zu einem Liede oder Arie, gleichsam aus der Poesie herausgezogen hat, so zieht er hernach alles aus dem Thema, oder eigentlicher zu sagen, es fließt ihm alles aus dem Thema zu.

Wollen Sie wissen, meine junge Herren Componisten, wie er dieses macht? Mich dünkt, er macht es so.

Er nimmt den Vers, den er itzt componiren will, vor sich, und nachdem er die Situation in ihrer Verbindung mit dem Vorhergegangenen und Folgenden überdacht, denkt er an den Charakter der Person,

Person, die nun singen soll; und wenn er denn noch geschwind einen mitleidigen Blick auf unsre armen Theatersänger und Geiger und Pfeifer geworfen, so liest er den Vers so lange, bis ihm der Gesang dazu von selbsten kömmt.

Hat er diesen nun einmal gefaßt, so singt er das Lied durch, ohne daran zu denken, kleine, einzelne Gedanken hinein zu flicken, die das Ohr zwar vergnügen könnten, aber nicht zum Ganzen des Stücks gehören würden.

So muß es aber auch der Componist machen, wenn er seinen Stücken Einheit und jederzeit passenden Ausdruck geben will.

Man sehe der mehresten neuen Componisten ihre Stücke, wie ähnlich sie sich alle sehen, und wie oft man einerley Gedanken darinnen antrifft. Das macht aber, sie arbeiten ohne Plan, und fast sollte ich sagen, ohne Thema. Was ihnen hinter einander einfällt, schreiben sie auf; und will es nicht mit guten kommen, so wird es bey den Haaren herbey gezogen, mag es nun in den Charakter des Stücks, in seinen Ton oder in sein Zeitmaas hineinpassen oder nicht; genug der erste Theil hat funfzig Takte gehabt, der andere muß noch etliche drüber haben; wenn diese nur vollgefüllt werden, so ist es schon lang gut.

Ich

Ich habe hierüber sehr oft die Bemerkung gemacht, daß man manches neumodische Stück in fünf, sechserley Bewegungen spielen müßte, wenn ein jeder Gedanke seine gehörige Zeit haben sollte.

Und dann bedenke man auch, wie sehr H. H. durch den elenden Zustand unsrer Singetheater eingeschränkt wurde. Er wußte es ja, und was ich an ihm bewundere, er hat es nie aus den Augen gelassen, daß er nicht für Sänger, sondern für Schauspieler schrieb, die es sich sonst kaum hatten einfallen lassen, beym Weine zu singen; und daß sie ihre Kehlen durch Kirchengesänge nicht ausgeschrien, dafür konnte er auch so ziemlich sicher seyn.

Mit den Instrumentalisten verhält es sich eben so: denn da noch nicht die Fahne über unser deutsches Theater geschwenket worden ist, so geben sich an den meisten Orten nur die schlechtesten Leute des Orts damit ab. „Ey was! Giebt es denn nicht ein Mittel, Schande in Ehre, und Niederträchtigkeit in Hoheit zu verwandeln?" Gnädiger Herr, unser Theater ist arm.

Hauptsächlich aber verwechsle man bey jenem Einwurfe nicht: Einheit mit Einförmigkeit, eine fest angenommene Manier mit Einerleyheit der Gedanken.

Jeder

Jeder gute Componist sucht in dem Plane und in der Ausführung seiner Stücke Einheit zu beobachten; und jeder gute Componist hat seine gewisse Manier, an der man ihn in allen seinen Arbeiten erkennt.

Diese Manier ist nun freylich bey einem mehr oder weniger original: Wir haben nur einen Bach, dessen Manier ganz original, und ihm allein eigen ist. Andere Componisten bilden sich nach den besten Meistern, die vor ihnen gelebt haben, oder noch ihre Zeitgenossen sind. Von jeden bleibt ihnen etwas ankleben, und wenn sie nun selbst zu arbeiten anfangen, so zeigt es sich, ob sie bloße Nachahmer der Muster sind, die sie studiert haben; oder ob sie selbst denkende Köpfe sind, die sich das, was sie von andern beybehielten, eigen zu machen wußten, und die sich hernach durch eine eigene Manier von andern unterscheiden.

Von dieser letzten Klasse scheint mir H. H. zu seyn. Er hat Hassen und Graun besonders studiert; und mit beyden begegnete sich sein Genie nicht selten. Das mehreste also, was er von beyden annahm, raubte er ihnen nicht, sondern es wurde durch die schon entwickelten Begriffe jener Männer, nur aus seiner Seele, als dunkle, verworrene Begriffe, die in ihr schon lagen, hervorgerufen und klar gemacht. So,

So, glaube ich, ist das Studium jedes Genie's beschaffen, das nicht schlechterdings ein Original-Genie ist; und der Mann, der ein Genie leitete, kann hernach zu diesem nicht sagen: ich bin dein Lehrmeister; — das sage er nur dem, der sein Nachahmer bleibt. — Alles was ihm frey stehe zu sagen, sey dieses: ich habe dir die Mühe erleichtert, den feinen Faden, der in deiner Seele lag, heraus zu spinnen.

Ja oft könnte dir, guter Mann, jenes feurige Genie zurufen: „Hättest du mich nicht ge-„leitet, so hätte ich mir vielleicht eine neue „und bessere Bahn gebrochen, als die war, „worauf deine Hand mich führte!" — Aber du würdest vielleicht in Sümpfe ge-rathen seyn, die dich verschlungen hätten. — „Lieber für die ganze Welt todt, als weniger „groß!" —

Das ist die Sprache des Genie's, das sich selbst über seine Zeitgenossen erhaben fühlt.

H. H. hat sich also, wie mir scheint, von Hassen und Graun anfänglich geleitet, nunmehro seine eigene Manier gemacht.

Aber nicht nur die Manier jener Männer wußte er sich eigen zu machen; sondern er kann es so gar

mit

mit einzelnen Gedanken thun. Und das, wie ich glaube, dadurch, daß er sie an eine Stelle setzt, wo sie vollkommen hinpassen, und wo man oft glauben sollte, es könnte hier gar kein anderer Gedanke stehen; er müßte dem Componisten nothwendig selbst eingefallen seyn, und wenn ihn auch schon hundert andere vor ihm gehabt hätten. Oft kann dieses wirklich der Fall seyn; allein oft hat er es auch selbst gewußt, daß er ihn von andern habe; nur er weis es auch, daß er ihn an dieser Stelle so gut, wie sein eigen, anpaßt.

Auch außer seiner Manier hat H. H. sein besonderes Unterscheidungszeichen, und dieses, dünkt mich, besteht in einem fließenden, angenehmen und ausdrückenden Gesange, und einer wahren comischen Laune.

Alles Eigenschaften, die zu einem comischen Opern-Componisten nothwendig erforderlich sind, und deren Mangel auch den gelehrtesten und erfahrensten Musiker unfähig zu diesen Arbeiten macht. Man prüfe sich also sehr genau hierinnen, ehe man sich an dieses Fach macht. Den mehresten von unsern jetzt schreibenden Opernschreibern möchte ich es wohlmeynend rathen, dieses Fach zu verlassen, und sich ein anderes zu wählen; vielleicht würden

B   sie

sie darinnen glücklicher seyn; einige haben es schon gezeigt, daß sie in anderer Arbeit mehr Glück haben.

H. H. hat auch das seltene Verdienst, daß er jederzeit bequem für alle Instrumente setzt, und oft mit Aufopferung eines guten Gedanken hieran denkt.

Es ist dieses überhaupt eine so nothwendige Eigenschaft eines Componisten, und besonders eines Theater- und Kirchencomponisten, und es sündigen so viele darwider, daß man es nie oft genug den Componisten einschärfen kann.

Die mehresten Componisten glauben, es sey genug, wenn man sich mit dem Umfange eines jeden Instruments bekannt mache; was aber bequem oder unbequem darauf ist, was für eine Bewegung nur möglich, für die andere aber durchaus unmöglich ist, darum bekümmern sie sich nicht.

Wenn sie es nur erst recht einsehen und erfahren möchten, daß sie es nicht nur den Instrumentalisten schwer dadurch machen, sondern sich selbst den allergrößten Schaden thun, indem ihre Stücke nie recht vorgetragen werden: so bin ich gewiß, es würde mancher die Nächte durch arbeiten, um sich mit den Instrumenten bekannt zu machen.

Die

Die meisten Componisten schreiben ihre Stücke für gewisse Leute, die ihnen in der Nähe sind, und die vielleicht, nach vielem Ueben, im Stande sind, sie heraus zu bringen. Der Componist höre aber nur einmal diese Stücke an einem andern Orte, wie sie damit umgehen: entweder wird das Stück noch einmal so langsam gespielt, als er es haben will, und wie es der Charakter des Stücks erfordert, oder sie gehen damit um, wie deutsche Uebersetzer mit dem Schakespear umgegangen sind; was zu schwer ist, wird gerade zu überhüpft, den ernsthaften Gedanken verkehren sie oft in lustigen, oder umgekehrt; und vieles wird so vorgetragen, daß gar kein Sinn, kein Verstand darinnen ist.

Und denn, meine Herren, glauben Sie vielleicht, daß es Ihnen mehr Ehre bringe, schwer, als leicht zu schreiben? Sie irren sich.

Wenn Sie nicht so original schreiben, wie unser Bach, dessen Originalität der Gedanken auch oft nothwendig einen originalen, ungewöhnlichen oder schweren Ausdruck erfordert; so wird es Ihnen gewiß weit mehr Ehre bringen, wenn Sie bey Ihren schönen Stücken auch leicht bleiben. Denn mich dünkt, daß dieses sehr schwer ist, und für den, dem es nicht einigermaßen natürlich ist, vielleicht

wohl

wohl gar unmöglich. Sind Sie nicht auch der Meynung, meine Herren?

Ich werde das, was ich den Opern-Componisten über den Plan, die Charakteristik und den Ausdruck zu sagen habe, am besten thun können, wenn ich es ihnen in der Zergliederung einer Hillerischen Oper zeige. Die meisten dieser Herren bedürfen einen praktischen Unterricht. Aus eben dieser Ursache werde ich auch alle Kunstwörter, so viel als möglich, zu vermeiden suchen, und sie lieber durch Umschreibungen geben. Ich werde dadurch auch vielleicht das Vergnügen erhalten, von Liebhabern gelesen und — verstanden zu werden. Und dieses muß ich um desto mehr wünschen, da wirklich ein Theil unsrer Opern-Componisten Liebhaber sind; wenigstens können sie sich mit gutem Gewissen nicht anders nennen.

Um diese Herren davon zu überzeugen, so will ich ihnen hier eine kleine Distinction herschreiben, nach der sie sich prüfen mögen.

Liebhaber der Musik ist der eigentlich, der an dem Anhören, oder auch Ausüben musikalischer Stücke Vergnügen findet, ohne daß er sich weiter um die Gründe dieses Vergnügens und um die Regeln der Kunst überhaupt bekümmert. In neuern Zeiten ist zu dem Anhören und Ausüben

noch

noch das Selbstschreiben hinzu gekommen, wo jeder Liebhaber sich, als Liebhaber, die Quinten- und Oktaven-Freyheit und überhaupt alle Abweichungen von den Regeln der Kunst erlaubet, die doch wirklich in der Natur unsres Ohrs und unsres Gefühls gegründet sind. Der andern nicht zu gedenken. Noch neuer aber ist der Gebrauch, daß jeder Liebhaber nicht nur für seine Ohren, die oft Mydasohren sind, und auf Kosten seiner Papierrechnung schreibt; Nein, wann er einen Thoren von Verleger antrifft, der alles ohne Unterschied druckt, so theilet er seine Misgeburten der ganzen Welt mit, und macht uns dadurch das Compliment, daß er uns für eben so glücklich von der Natur beehret hält, als er sich zu erfreuen hat. Und nun ernährt das Publikum diesen Mann, gleich wie ein Kranker das Fieber durch nahrhafte Speisen nähret. Der Recensent spielt allenfalls noch die Rolle des schlechten Mediciners dabey, der da hitzige, oder wie er es nennt, stärkende Tropfen, und süße schleimende Säftchen verordnet, wo eine Purganz oder ein Brechpulver nöthig wäre. Und so kränkelt der Elende sein Leben durch, lebt aller Welt zur Last, und stirbt endlich, ohne genutzt zu haben, dahin. Ein Mann, der bloß dadurch hätte können gesund bleiben, daß er fleißig Holz gesäget hätte.

Kenner ist der, der sich bemüht, die Regeln der Kunst zu studiren, in so weit sie nothwendig sind, ein musikalisches Stück aus Gründen beurtheilen zu können.

Meister selbst ist der nur, der den ganzen Umfang der Kunst, ihre Regeln und Vorschriften genau kennt, und sie auch selbst durch Compositionen in Ausübung bringt. (b)

Nun prüfe man sich hiernach.

Ich wähle zu meiner vorhabenden Zergliederung die Jagd, weil H. H. hierinnen Gelegenheit gehabt hat, sich von verschiedenen Seiten zu zeigen. Hoheit und bäurische Einfalt, sanftes und comisches Wesen sind in dieser Operette so glücklich ausgedrückt, daß man bloß dieserwegen die Jagd für das vorzüglichste Stück des Herrn H. halten muß.

Wäre

(b) Ich behalte mir es vor, diese beyden Punkte in meinen Briefen eines aufmerksamen Reisenden ausführlicher abzuhandeln. Hier würde es mich zu weit von meinem Endzweck abführen.

Ueberhaupt wünschte ich, daß man diese kleine Schrift als eine Beylage zu dem ersten Theile meiner Briefe ansähe; oder vielmehr, als eine Fortsetzung des darinnen befindlichen Briefes über die Operetten.

Wäre die Liebe auf dem Lande zu dieser Absicht nicht zu einseitig, so würde ich lieber diese gewählt haben: denn sie scheint mir nicht nur das mehreste Eigene zu haben; ihr Inhalt hat auch dem Herrn H. die meiste Gelegenheit gegeben, seinen wahren musikalischen Charakter zu zeigen, besonders in Ansehung des gefälligen, natürlichen und rührenden Gesanges. Von dieser Seite betrachtet, halte ich Herr H. in der Musik (c) für das, was Gellert in der Poesie war; und auch dasselbe Schicksal, dieselbe Belohnung, hat H. H., die Gellert hatte: denn er ist der Lieblingscomponiste seiner Nation, so wie ihr Gellert der Lieblingsdichter war. Welche Belohnung! Nicht Geld und Titel der Großen, ja selbst das würdige Lob des Kenners, belohnen so angenehm, als die Stimme einer ganzen Nation.

(c) Im Ganzen würde man dem Herrn Hiller durch diesen Vergleich unrecht thun: denn er besitzt auch Feuer und Stärke in seinem Ausdrucke. Und wie glücklich ist er nicht im Comischen?

Von Gellerts Geburt erinnere ich mich eine glückliche Fiktion gehört zu haben; die ihn, meiner Meynung nach, ganz charakterisirt. Man sagt: der Gott des Schlafs hätte eine Grazie beschlafen, und aus diesem Beylager wäre Gellert entstanden; doch aber wohl zu verstehen, daß Jupiter erst seinen Segen darüber gesprochen habe.

Zergliederung
der comischen Oper:
die Jagd.

Trotz dem mistönenden Gesange unsrer Theatersänger, und der Armseligkeit des Orchesters in deutschen Theatern, hat mir dennoch jede Hillerische Oper bey jeder Vorstellung viel Vergnügen gemacht, und diese Oper vor allen andern. (d)

Bey

(d) Hieran hat das Stück, die Jagd, an und vor sich selbst wohl nicht wenig Antheil: denn für mich ist es immer die interessanteste Oper des Herrn Weiße gewesen, und dieses um desto mehr, wenn ich mir dabey Heinrich den Vierten, den großen und liebenswürdigen Mann, gedenke, dem vielleicht kein vor ihm lebender König zu vergleichen gewesen ist, und dem unter allen, die nach ihm gelebt und noch leben, gewiß keiner gleich kömmt.

Die Einfalt der ländlichen Sitten ist darinnen sehr glücklich geschildert, bis auf einige Stellen, wo sie scheinen zum Gelächter ausgestellt zu seyn. Die muntere, freye und natürliche Liebe zwischen Röse und Töffeln sticht unvergleichlich gegen die zärtlichere und schmachtende Liebe des andern Paares ab, das, bey der äußersten Weiche des Herzens, durch die Weisheit des Schulmeisters und durch die Narrheit der Stadt schon ein wenig verdorben und von dem Wege der Natur abgeführet zu seyn scheint.

Auch

Bey meinem Claviere vergnügte ich mich noch mehr damit; aber nie lernte ich H. H. so ganz kennen, als heute bey der Zergliederung seiner Jagd.

Ich finde hier Schönheiten und Feinheiten, die die allersorgfältigste Ueberlegung, das richtigste Gefühl und den feinsten Geschmack verrathen. Ohne zu befürchten, daß das hier auch bey mir eintreffen möchte, was ich oft einem sehr feinen Zergliederer der Schönheiten alter Dichter gesagt habe: er fände oft da Schönheiten und Feinheiten, oder lege sie da hinein, wo der Dichter vielleicht selbst nicht daran gedacht hat, ohne dieses hier zu befürchten — wozu ich auch warlich von beyden Seiten keine Ursache habe — will ich mich bemühen, jene Schönheiten und Feinheiten so viel,

B 5   als

Auch hat hier Herr Weiße nicht unterlassen, dem ehrlichen Michel und seinem guten Weibe manche wichtige Wahrheiten sagen zu lassen, die das Publikum nie oft genug hören kann, und die die Könige — leider niemals hören; eben so wenig hören, als deutsche Operetten.

Der Charakter des Königes giebt nicht allein dem Stücke stärkeres Interesse und unterhaltende Mannichfaltigkeit, er hat auch dem Componisten Gelegenheit gegeben, sich zuweilen aus der niedern Sphäre zu erheben, um sich dadurch von verschiedenen Seiten zu zeigen.

als mir möglich, aus einander zu setzen; um dadurch dem in Dunkelheit irrenden Wanderer eine Leuchte, und jenem ehrbegierigen Jünglinge ein Beyspiel aufzustellen.

Symphonie.

Die Symphonie läßt schon den ganzen Charakter des Stücks errathen, und bereitet den Zuhörer auf eine angenehme Art vor.

Gleich das Thema des ersten Stücks verräth, daß es ein ländliches, lustiges Stück ist. Von sehr guter Wirkung ist der Schluß des Thematis im Haupttone.

Mit dem neunten Takte scheint nun der Componist ganz vom Thema abgehen zu wollen; er ergreift aber im dreyzehnten Takte wieder den fünften Takt des Thematis, und nun sehe man, wie gut er den fortführt.

Sehr gut nimmt sich auch die vierfache Imitation aus, die zum Schlusse des ersten Theils eilt, und diesen durch das allmählige Anwachsen der Instrumente desto stärker und feuriger macht.

Ein

Ein schöner singender und naiver Gedanke verbindet den ersten Theil mit dem zweyten, dessen Anfang wieder aus dem fünften Takte des Thematis genommen ist, der hier wie oben sehr gut, aber verschieden von dem ersten geführet wird; und in den dem Haupttone des Stücks verwandten weichen Ton einleitet, in welchem es sich denn gleich dem ersten Theile schließt.

Nun aber wird derselbe Gedanke wieder zur Einleitung in den Hauptton gebraucht, und man sollte glauben — da er ohnedem noch oft in der Folge des zweyten Theils vorkömmt — er wäre zu oft wiederholt, man würde ihn überdrüßig werden, aber nichts weniger als das. H. H. hat die Klugheit gehabt, alle Mittel anzuwenden, deren man sich bedienen muß, wenn man einen Gedanken völlig ausführen will, ohne ihn langweilig zu machen. Stärke und Schwäche (forte e piano), Abänderung in der Modulation, Vertheilung des Gedankens selbst in verschiedenen Stimmen: die Violinen imitiren sich mehrentheils damit u. s. w.

Das Thema, welches noch nicht wieder ganz gehört worden ist, tritt nun völlig ein, und erregt — wenigstens bey mir — eine sehr angenehme Empfindung.

Nach

Nach dem Schluße des Thematis macht H. H. eine Ausweichung in die Quarte, legt es aber — um den Zuhörer nicht zu weit abzuführen — bald wieder darauf an, in den Hauptton zu kommen, wozu er wieder den fünften Takt des Thematis braucht, den er nun mit noch mehrerem Feuer, als vorher, und durch andere Modulationen durchführt, bis er wieder die vierfache Imitation ergreift, die auch gewissermaßen aus demselben Gedanken besteht, und die mit Macht zum Schluße eilt, welches bey mir jederzeit ein sehr frohes Gefühl erregt.

Der angenehme, süße Gedanke, der oben diente, die beyden Theile zu verbinden, ist hier noch dem Schluße angehangen. Ich wünschte sehr, daß ihn H. H. wieder zur Verbindung des ersten Satzes mit dem zweyten gebraucht hätte, und dieses um desto mehr, da hier ein Uebergang steht, der gar nicht mit dem Uebrigen übereinstimmt, noch weniger also aus dem Stücke selbst genommen ist.

Uebrigens hat dieser Satz so viel Einheit, ohne einförmig zu seyn, als ich nur je in einem Stücke gefunden habe. Es ist nichts Einzelnes hinein geflickt, was nicht zum Ganzen gehörte; es ist ein Fluß, ein Strom von Gedanken, der den Zuhörer mit sich fort reißt.

Daß

Daß H. H. es auch nicht an Fleiß hat fehlen lassen, zeigt die völlig reine Harmonie, und der gute Gang jeder Stimme an, worinnen H. H. ganz von der itzt gewöhnlichen, nachläßigen Schreibart abweicht. Man sieht es hieran am deutlichsten, daß er beyde, Hasse und Graun, studiert hat.

Nun tritt der mittelste Satz ein, der più tosto allegretto überschrieben ist, und der einen solchen gefälligen und sanften Gesang hat, daß ihn Hannchen mit gutem Gewissen singen könnte.

Wie es H. H. nie an Fleiß und Arbeit fehlen läßt — die eine nöthige und vortreffliche Würze solcher süßen Stücke ist — beliebe der junge Mann, der dort mit der Violine in der Hand componirt, in dem neunten und zehnten Takte dieses Satzes gütigst zu erwägen; und daraus einsehen zu lernen, wie man auf einmal wohl mehr schreiben kann, als man zu gleicher Zeit auf der Violine zu greifen im Stande ist, und besonders dann, wenn man auch das Greifen nicht recht versteht.

H. H. hat in dieses sanfte Stück auch angenehmen Scherz hinein gelegt, um nie den Hauptinhalt des ganzen Stücks aus den Augen zu lassen; es ist aber nicht Röschens ausgelaßner Scherz; der würde uns hier eben so gestört haben, als

wenn

wenn der Dichter hätte wollen, bey der erſten zärtlichen Zuſammenkunft von Hannchen und Chriſtel,
in den erſten Augenblicken, dieſes zärtliche Paar
durch Röschens muthwilligen Witz unterbrechen
laſſen. Nein, es iſt ein ſolcher Scherz, wie ihn
Hannchen nach ihrem Hochzeittage, wenn ſie ſich
erſt wieder von der Angſt ihrer Flucht erholt hat,
mit ihrem Chriſtel ſcherzen wird. Das Stück
bleibt alſo immer noch für Hannchen.

Der erſte Theil ſchließt im Haupttone, und
wird deshalb nicht wiederholt. — Es mögen ſich
dieſes die neuen Componiſten merken, die vielleicht
oft ſelbſt nicht daran gedacht haben, daß ihr Stück
achtmal im Hauptttone ſchließt, in dem ſie die Wiederholungen, nach hergebrachtem Brauch, nieder-
ſchrieben. Ja ſelbſt in dem kindiſchen Rondeau,
welches für den Componiſten eigentlich das iſt, was
dem Schulknaben, nach der Schule, das Ballſchla-
gen iſt, war noch keiner von den allerausgelaſſen-
ſten Buben ſo unverſchämt, den Refrain achtmal
zu wiederholen. —

Der zweyte Theil fängt ſich wieder im Haupttone und mit dem Thema an; es iſt aber nur eine
kleine Täuſchung, als wenn wir den erſten Theil
noch einmal zu hören bekommen ſollten: im zweyten Takt weicht der Componiſt ſchon davon ab.

Ein

Ein Abschnitt von zwölf Takten, der aber so gut geführt ist, daß er weder gedehnt noch unverständlich ist, leitet zur Quinte (*) ein, in welcher das Thema wieder ganz anhebt. Nach dem Schlusse in der Quinte leitet ein Uebergang von acht Takten wieder in den Haupttöne. Die Einkleidung dieses Ueberganges scheint mir ein wenig zu stark und nicht recht herpassend zu seyn.

Nun bekommt man wieder das Thema im Haupttone zu hören; womit sich denn der zweyte Theil so wie der erste schließt. Der zweyte wird wiederholt; geht aber beym zweyten Male in einen Uebergang über, der den zweyten Satz mit dem letzten verbindet, und der ganz aus dem Stücke selbst genommen ist.

Der letzte Satz kündigt so gar an, daß das Stück, so wir sehen sollen, die Jagd heißt: denn das Thema desselben ist völlig eine Jagdmusik. Dieser Satz ist mit vieler Ueberlegung und doch mit sehr vielem Feuer geführt. Er thut eine vortreffliche Wirkung. —

Doch

(*) Denen dieser Ausdruck zu kunstmäßig ist, bitte ich die Töne auf den Fingern abzuzählen; der Daume kann immer für den Haupttön gelten; und so zähle man wohl a bis h fort, wie obngefähr die Frauen ihre Küchenrechnungen von 1 bis 10 abzuzählen pflegen.

Doch ich merke, daß ich bereits zu weitläuftig in meiner Zergliederung geworden, und überlasse es einem jeden, selbst nach der Art des ersten Satzes, auch diesen Satz zu zergliedern. Nur noch ein Wort von der Symphonie überhaupt.

Es ist diese Symphonie ganz in der Manier der Haßischen und Graunschen Symphonie, wiewohl in der Einkleidung der Gedanken sehr verschieden. Ich finde dieses an Herrn H. sehr lobenswerth, daß er auch hierinnen seinem geläuterten und bestimmten guten Geschmacke gefolget ist, und sich nicht durch den allgemeinen Beyfall, den die neumodischen, schwärmerischen Symphonien erhalten, hat verleiten lassen, in dieses gewaltige Bockshorn mit hinein zu blasen.

Jene Schwärmer scheinen mir etliche Jahrhunderte zu späte angekommen zu seyn. Hätte man sie zu der Zeit erfunden, da wir Deutsche noch ächte Säufer waren, und da die Gesundheiten unter Paucken = und Kanonenschall noch ein Hauptzug unsres National = Charakters ausmachten, so wären sie bey solchen Bachenalien vollkommen costume gewesen. Jetzt aber —

Ich weiß sehr wohl, was der Italiener dafür zu sagen hat. Er sagt: die Symphonie diene nur

nur bloß, den Zuhörer ruhig und aufmerksam zu machen. Dies ist völlig gut gesagt; man verstehe es nur recht. Man mache den Zuhörer nicht bloß auf das Aufziehen der Gardiene aufmerksam: er merke auch schon auf den Inhalt des Stücks; er werde vorbereitet auf die Handlung, die nun kommen soll; damit er, wo möglich, mit der ersten handelnden Person, die da auftritt, schon in einerley Lage des Gefühls sey. An einem andern Orte mehrers hiervon. —

Erster Akt.

Röschen eröfnet das Stück mit einem muntern Liede, das uns schon mit ihrem Charakter bekannt macht, theils durch den aufgeweckten Gesang, mehr aber durch die spielende Begleitung der Instrumente.

Es ist dieses ein sehr weises Hülfsmittel, wenn man für schlechte Sänger schreiben muß, und H. H. hat sich dessen jederzeit aufs glücklichste bedienet. Aber auch für gute Sänger kann man es zum Vortheil der Deklamation sehr oft gebrauchen. Indem die begleitenden Instrumente die geschwinderen Noten machen, die zum Ausdrucke des Stücks nothwendig sind, kann der Componist den Worten,

tti, ohne sie widersinnig zu zerren, ihre gehörige Länge und Kürze, Höhe und Tiefe geben, und also die Deklamation genauer beobachten; und der Sänger kann die Worte deutlicher und mit mehrerem Nachdrucke aussprechen. (f)

Für das Lied ist es auch noch oft wegen der folgenden Strophen nothwendig: denn man kann nicht vom Dichter verlangen, daß durch alle Strophen Wort auf Wort paſſen, — und daher können auch Ausdehnungen, die die erste Strophe leidet, nicht allemal auf alle folgende paſſen. — Es ist genug, wenn der Dichter die Länge und Kürze der Sylben aufs allergenaueste, und die Gleichheit der Abschnitte beobachtet. Welches letztere schon sehr selten geschiehet.

Das Lied muß also nur ganz gerade weg gesungen, oder vielmehr deklamirt werden? — Wiederholungen

---

(f) Bey den Italienern kommt dieses beydes itzt ziemlich aus der Mode; und es geht schon so weit, daß viele Componisten, worunter ganz besonders Sochini gehört, gar nicht mehr auf die Bedeutung der Worte sehen. Höchstens paßt nur noch der Rhythmus der Arie zum Sylbenmaaße der Verse. Eben so machen es die Sänger, von denen man entweder kein Wort versteht, oder auch oft ganz andere Worte zu hören bekömmt. Diese Gebräuche der neuern Italiener, die itzt sehr von dem guten Wege ihrer Vorgänger abweichen, gehören mit zu jenen, von denen ich mit ganzem Herzen wünsche, daß wir sie nie nachahmen mögen.

holungen kann der Componist machen, aber nur mit Vorsicht. Er muß erst sehen, ob alle Strophen an der Stelle eine Wiederholung leiden.

Man sehe, wie es H. H. hier in dem ersten Liede gemacht hat. Er wiederholt in der ersten Strophe die vier letzten Sylben

<blockquote>
Mein Töffel ist ein Mann für mich
ein Mann für mich.
</blockquote>

paßt das auf die andern Strophen? wir wollen's sehn:

<blockquote>
2te St. Sein Angesicht ist voll und rund:
3te St. Ich kann ihn traun, er ist mir treu.
</blockquote>

wie passend durch alle Strophen! Eben so gut überdacht ist die Wiederholung der letzten Zeile jeder Strophe:

<blockquote>
1te St. Hat Arbeit lieb und liebt Gesang.
2te St. Braun ist er selbst, schwarz ist sein Haar.
3te St. Mein Töffel ist für mich ein Mann.
</blockquote>

Sehr ausdrückend ist es auch, daß die Worte mit denselben Tönen wiederholt werden; Sie besteht darauf, daß ihr Töffel ein Mann für sie ist; daß er ihr treu ist u. s. w.

Nun singt Röschen eine sehr lustige Arie, in der wir sie ganz kennen lernen. Die Einrichtung dieser ganzen Arie ist dem Herrn H. eigen, und ist der comischen Oper sehr angemessen. Es klingt mir immer sehr wunderlich, wenn Personen von niederem Stande und bey lustiger Laune eine recht ausführliche Arie mit ihrem Da Capo und allem übrigen Zugehör singen. H. H. braucht mehrentheils die Form dieser Arie, die wir itzt vor uns haben; und thut sehr wohl daran.

Das Thema dieser Arie ist sehr gefällig und überaus munter. Für Röschen ist es auch sehr natürlich und angemessen, daß sie uns so gar vormacht, wie Töffel gepfiffen habe. Ueberhaupt sind diese spielenden Nachahmungen in der Musik, nur der comischen angemessen und — erlaubt.

Sehr gut ist das Drohende der Worte:

Halt! dacht ich, loser Vogel du!

durch die fünfmalige Wiederholung der einen Note ausgedrückt, es würde aber zu stark seyn, wenn die Instrumente nicht die spielende Begleitung dabey hätten, die auch zugleich die schelmische Absicht dieser Drohung sehr gut ausdrücken. Ueberaus gut ist auch in eben dieser Absicht die kurze Deklamation, und der kurze Abschnitt auf den Worten:

du stehst mir recht, dich muß ich necken.

Hier schließt H. H. in der Quinte. Ein kleines neckendes Zwischenspiel, giebt hier Röschen Zeit und Anlaß zur comischen Aktion. Nun

Nun erzählt sie fort. Weshalb H. H. aber gleich in der ersten Zeile:

Gleich hatt' ich Aepfel in der Ficken:

das Wort Aepfel wiederholt, sehe ich nicht anders ein, als er muß durchaus einen Abschnitt von vier Takten haben hier hersetzen wollen: warum er sich aber daran gebunden, sehe ich noch weniger ein, da doch drey Abschnitte von drey Takten darauf folgen. Ich will nicht hoffen, daß er es der Gleichheit mit dem letzten Abschnitte wegen gethan haben wird, der freylich wieder aus vier Takten besteht, der aber, meiner Meynung nach, zu weit von jenem absteht, als daß das Ohr diese Symmetrie bemerken sollte: ohnedem, da bey diesem noch eine Wiederholung der ersten Worte ist.

Puff, wieder einen;

Sollte H. H. wohl etwas bloß dem Auge zu Gefallen gethan haben? —

Uebrigens finde ich diese Stelle, die eine besondere Abtheilung in der Arie macht, welche wieder im Hauptone schließt, sehr gut und mit vielem Nachdrucke erzehlt.

Nun folgt wieder ein kleines, lustiges Zwischenspiel, welches zu der Absicht da zu stehen scheint, damit die Sängerinn Zeit bekomme, Luft zu schöpfen: denn die vielen lebhaften Ausrufungen haben sie nothwendig ermüden müssen.

Nun tritt das Thema wieder ein, und Röschen setzt damit ihre Erzehlung fort.

Hier begreife ich aber nicht, wie es der kleinen Röse einfallen kann, in der weichen Tonart zu lachen, und das durch zehn Takte durch. Es scheint mir, als wenn sich H. H. durch die angenommene Gewohnheit, daß ein Stück im Durtone auch seinen ihm verwandten Mollton berühren müsse, hat hierzu verleiten lassen: aber das just beym Lachen?

Wenn es durchaus hätte seyn sollen und müssen, so wäre es doch noch eher auf die beyden vorhergegangenen Zeilen angegangen:

> Er sah mich nicht, denn ich versteckte
> mich hinterm Busch, so oft er schrie,

Und nun wäre zugleich der Uebergang aus der weichen Tonart in die harte von guter Wirkung gewesen, wenn sie fortfährt:

> bis ich zuletzt, hi, hi, hi, hi
> so lachte, daß er mich entdeckte.

Dort wurde also in dem, dem Hauptone verwandten Molltone geschlossen: und nun geht der Gesang bey den Worten:

Ha!

> Ha! rief er, wart! ich will dirs geben!

in den Hauptton über. Ganz vortreflich ist der Ausdruck der folgenden Worte:

> und haschte mich, und küßte mich!

Der Gesang dieser Worte verräth, wie gerne sie sich hat haschen lassen, wie angenehm und süß es ihr war, von ihm geküßt zu werden, und wie überhaupt die ganze Schelmerey dieser Erzehlung nur dahin abzielte, um gehascht und geküßt zu werden.

Ich kenne wenige musikalische Gedanken, die so viel sagen, als dieser; und die es jedem, der Gefühl hat, so deutlich sagen.

Auf den folgenden Gedanken:

> ich schimpft' und schmälte jämmerlich,

da ist die weiche Tonart, so wie sie H. H. hier gebraucht hat, sehr gut angebracht; besonders in Ansehung der Erhebung der folgenden Worte:

> im Herzen hatt' ich ihm vergeben.

Ein kurzes Zwischenspiel, welches schon in der Mitte gehört worden ist, beschließt diese, in ihrer Art schöne Arie.

Nun singt Töffel, der ehrliche Schnacke, ein Lied, das vollkommen die natürliche Sorgenlosigkeit und Zufriedenheit ausdrückt.

Ein kleines Vorspiel von zwey Takten, welches eigentlich nur da steht, um dem Sänger den Ton anzugeben, drückt auch schon den Charakter des Stücks durch die ungleichen Noten, in der eigentlichen Bewegung des Liedes, sehr gut aus. Vollkommen passend ist hier für Töffeln der öftere Schluß im Haupttone.

Der Anfang der zweyten Strophe:

<blockquote>Hätt' ich täglich Bier und Wein,
Braten auch nicht minder:</blockquote>

scheint mir für den Gesang zu niedrig. Daß es Töffel sagt, mag ihm sehr angemessen seyn, daß er es aber gar wichtig genug findet, zu singen, das nehm ich ihm übel.

Itzt kommt eine kleine Ariette, die Röschen singt, und in der das Kecke und gewissermaßen Trotzige ihres Charakters sehr gut ausgedrückt ist: nur scheint mir der zärtliche Gesang der Worte:

<blockquote>und Stern an seiner Seite</blockquote>

nicht recht zu passen. Die Schuld glaube ich liegt bloß darinn, daß die Worte zu lang gedehnt sind; ein Abschnitt von drey Takten hätte sich, dünkt mich, besser her geschickt, und wenn der Componist hernach auf die Worte:

<blockquote>dieß Mädchen nehm ich heute</blockquote>

einen

einen ähnlichen Abschnitt gemacht hätte, so wäre doch immer Symmetrie genug in dem Abschnitte gewesen.

Sehr gut aber ist der folgende Ausdruck:

so sprach ich: Nein! ich bin kein Schaaf!

Die starke Erhöhung des Worts, Nein, drückt den Trotz und die Entschliessung eines an sich lebhaften Charakters sehr gut aus; so wie auch die drauf folgende Pause der Schauspielerinn Zeit giebt, eine recht naseweise Miene anzunehmen, zu der sich auch die Töne der Worte

ich bin kein Schaaf,

sehr gut passen. Und eben so die ganze Folge bis ans Ende. Das Steigen auf der Zeile

und das taugt nichts! Nein, nein, Herr Graf!

drückt nicht nur diese Worte vollkommen gut aus, sondern bereitet auch vortreflich den drauf folgenden, spöttischen Fall der Töne vor, auf den Worten:

gehn Sie nur Ihrer Straße.

Bey diesem Ausdruck ist auch noch die Bewegung zu bemerken: Die ersten fünf Sylben hat H. H. ganz geschwinde fortsingen lassen, um die spöttisch gezerrte Sylbe: Stra = ße recht hervorstechend zu machen; wodurch der Gesang auch wirklich

lich so lebhaft ausdrückend wird, daß ich, so oft ich es singe, Röschen zu sehen glaube, wie sie da steht, und mit ihrem Zeigefinger, den Leib vorwärts übergebogen, vor sich zeigt und das Maul recht spöttisch dazu zerrt.

Nun folgt eine Arie, die Töffel singt, und in der der Eifer für seine Meynung,

  Ich traue keinem Mädchen nicht,

und selbst die Unruhe darüber, wenn er dabey an Röschen denkt, und nach ihr schielt, sehr gut ausgedrückt ist.

Besonders ist diese Arie voller nachdrücklicher Abkürzungen und Wiederholungen der Worte.

Die Dichter sind gemeinhin sehr wider diesen Gebrauch der Componisten; sie wollen ihre Verse, die sie sich Mühe geben, zu ordnen, nicht gerne getrennt und verworfen wissen. Ich gebe ihnen hierinnen recht, so bald es der Componist ohne Ursache thut; allein wenn er es am rechten Orte zu gebrauchen weis, so wäre es sehr unbillig, wenn man es ihm alsdann verbieten sollte, da es ein so überaus starkes Mittel ist, den Ausdruck zu erheben und zu verstärken. Und giebt der Dichter nicht bloß in dieser Absicht, dem Singecomponisten seine Worte?

Indessen werden des Dichters Verse, bey aller Umkehrung doch auch fast immer ganz in ihrer Ordnung gehört, da man dem Singecomponisten die vernünftige Regel vorgeschrieben hat, daß er die Poesie jeder Arie, erst ganz in ihrer Folge durchsingen müsse, ehe er sie zu versetzen anfange, damit der Zuhörer erst den Inhalt kennen lerne. — Fälle, bey denen es ein Fehler wäre, den Weg der Vernunft zu gehen, machen aber auch hierinnen eine Ausnahme. —

Ist nun jenes erst geschehen, so macht es die Form unsrer Arien gewissermaßen schon nothwendig, Umkehrungen und Versetzungen mit den Worten zu machen. Und das zwar hauptsächlich aus der Ursache, weil die Worte in unsern Arien so oft wiederholt werden, und weil es doch gewiß nicht natürlich wäre, daß man eine Empfindung immer mit denselben Worten, und in derselben Ordnung der Worte, zu wiederholten malen ausdrücken sollte.

Aber warum diese übertriebenen häufigen Wiederholungen? Warum nur vier Zeilen Verse zu einer vier Seiten langen Arie? — Mein Herr, ich mag nicht mehr darüber streiten; wenigstens hier an diesem Orte nicht.

Die Arie des Töffels fängt sich an:

> Ich traue keinem Mädchen nicht.

gleich darauf wiederholt H. H. die Worte zweymal mit der Abkürzung:

> ich traue nicht,

und drückt dadurch den Eifer des Töffels sehr gut aus. Warum aber H. H. die erste Sylbe ich bey der Wiederholung lang gesungen hat, da sie doch eigentlich kurz ist, das weis ich nicht.

Nun singt Töffel mit einem spöttischen Tone fort:

> ein schönes Kleid, ein weiß Gesicht;

er wird hitziger bey den Worten:

> mit einer breusten Stirne
> verrückt leicht das Gehirne.

Nun schielt er nach Röschen und wiederholt:

> ich traue nicht, ich traue nicht;

er macht zwischen diesen Worten eine kleine Pause, während dessen die Begleitung den Gesang fortsetzt, gleichsam als wenn er sich besänne, ob er seinem Röschen wohl trauen könnte; aber nein; er singt den ganzen Vers:

> ich traue keinem Mädchen nicht.

Der Ausdruck würde hier noch stärker seyn, wenn H. H. die beyden Worte

keinem Mädchen

noch mit besonderm Nachdrucke wiederholt hätte. Töffel singt aber fort, wird immer hitziger und zuletzt gar bitter.

In eben dem spöttischen und hitzigen Tone singt er auch den zweyten Theil dieser Arie. Die Zeile

wie leicht wird da das Köpfchen toll,

wird mit gutem Nachdrucke wiederholt; aber der Componist ist noch nicht damit zufrieden, er will es noch nachdrücklicher machen, und läßt Töffeln nach einer kleinen Pause die beyden Worte: wie leicht, noch einmal allein wiederholen. Es folgt wieder eine kleine Pause darauf, in der Töffel und der Zuhörer Zeit bekömmt, es recht zu überdenken, wie leicht das geschieht.

Beyde Pausen werden aber von den Instrumenten ausgefüllt, die in dem poßierlich hitzigen Tone immer forteilen: denn sonst würde die Wiederholung zu ernsthaft, und paßte nicht mehr für Töffeln.

Nun kömmt Michel mit einem Liede, von dem es mich sehr wundert, daß es Herr Weiße dazu gemacht

macht hat; denn die Lehre: beym schönsten Sonnenschein den Mantel umzunehmen, um immer vor dem Regen sicher zu seyn, diese singen zu lassen, ist sehr sonderbar, wenn sie gleich an sich selbst dem ehrlichen Michel sehr anpassen mag.

Daß H. H. sie aber componirt hat, und nicht gerade zu weggelassen, das kann ich ihm noch weit weniger vergeben; und dieses um desto mehr, da er es so gut weis, wie ich und jeder andere, daß es abgeschmackt ist, solche Worte singen zu lassen.

Man sieht es auch ganz deutlich an der Composition, wie sehr er es gewußt hat: denn er hat sie dadurch noch dazu ins höchste Licht gesetzt, daß er sie recht kläglich und weinerlich in der weichen Tonart singen läßt.

Hierauf folgt aber ein sehr schönes Terzett zwischen Marthe, Röse und Töffel.

Marthe fängt im weisklugen Ton ganz bedächtig an:

> Nein, nein! es könnte was geschehn,
> das wir nicht gerne sähen.

Drauf sagt Röse spöttisch in nachahmendem Tone:

> Drum liebe Mutter sollt ihr gehen,

und

und nun singt sie mit denselben Tönen, in denen die Mutter gesungen hat:

so könnt ihr auch nichts sehen.

Endlich fällt Töffel nach seiner plumpen Art ganz tölpisch ein:

Mein, sagt mir doch was soll geschehn?

er wiederholt die letzten Worte etwas eifrig. Drauf sagt er ganz trocken, um die Mutter desto sicherer zu überreden:

da seht, — hier bleib ich stehen.

Dieses ist ganz und gar in Töffels Charakter gesungen, und auch nach seiner Stimme, vollkommen baßmäßig.

Marthe fällt ihm mit vielbedeutendem Tone ein:

ich kenne schon die Schäferey,

Diese Worte sind vollkommen gut ausgedrückt; bey dem letzten Worte ahmt die Musik den Ton der Schäkerey ohngefähr so auf die spöttische Art nach, wie es die alten Weiber bey solcher Gelegenheit wohl zu thun pflegen.

Daß aber nun Töffel mit demselben Gesange singt:

Topp Mutter, ich will ruhig seyn,

das

das gefällt mir nicht eher, als bis ich sehe, daß es hier der Componist auf das Steigen desselben Gedankens angelegt hat, wodurch der Röse ihre Worte

und ist ers nicht, so will ich schreyn,

den lebhaftesten Ausdruck erhalten, der ihnen zu geben möglich war.

Der darauf folgende Einwurf der Mutter ist auch durch die kleine Pause in allen Stimmen, zwischen den Worten: J, ja doch! und den drauf folgenden: hinter drein! vollkommen comisch gut ausgedrückt. So wie auch die Versicherung der Röse:

nein, liebe Mutter, nein!

die in der Musik zugleich etwas bittendes hat, das zuletzt in den öfteren Wiederholungen, bey dem steten Widerstand der Mutter, dringend wird, sehr gut ausgedrückt ist.

Nun singt Töffel ein kleines comisches Lied, das wohl eigentlich nur durch das Falset des Sängers comisch wird; bis auf den Schluß, wo auch der Componist einen wahren comischen Zug durch die Pause bey den Worten,

gewiß, ich — werde schreyn,

ange=

angebracht hat, der auch vollkommen gut auf die zweyte Strophe paßt:

Es wird mir — kalt und warm.

Hier erhält der Schauspieler durch die Musik Gelegenheit zu einer comischen Aktion. Ein Umstand, der dem Theater-Componisten von Wichtigkeit seyn muß.

Röse erzählt nun eine kleine Geschichte, die H. H. sehr gut als Erzehlung deklamirt hat. Man sehe sie selbst nach.

Aber nun kommt die Lieblings-Arie aller derer, die diese Operette recht kennen; und Hannchen empfiehlt sich uns damit gleich so sehr, daß man sie lieb gewinnen müßte, wenn sie auch sonst kein so gutes Mädchen wäre. Das Thema dieser Arie drückt schon an sich die süßeste Zufriedenheit aus, und man erräth sehr leicht aus dem Ritournell den Inhalt der ganzen Arie.

Wie vortrefflich ist die Ausrufung nicht ausgedrückt, wohl, wohl mir! Es ist dem lebhaften Gefühl des weichen Mädchens, von dem sie ganz voll ist, auch sehr angemessen, daß sie die Worte

find ich auss neu der Liebe Glück in dir!

abgebrochen singt.

Bey den Betrachtungen des zweyten Theils hört mans ganz deutlich, daß es nicht bloße Affectation bey ihr ist, sondern daß sie das, was sie sagt, mit ganzer Seele fühlt.

Wie reizend ist nicht der Ausdruck der Worte:

beym Reiz der lächelnden Natur,

besonders bey der Wiederholung, wo die Singstimme einen Ton lang aushält, und die Flöten ein angenehmes Spiel dazu machen. Und besonders lebhaft wird der Schluß dadurch, wenn die Sängerinn Stimme genug hat, zuletzt die höheren Töne der begleitenden Stimmen mit zu singen: denn sonst wird der Schluß etwas matt.

Die zweyte Strophe muß nicht darauf gesungen werden; aber wohl die erste wiederholt: denn der Componist hat sich so ganz in die Empfindung der erstern Worte hinein gesungen, daß gar keine andere darauf passen können.

Wer H. H. nur in dieser Arie kennt, der muß ihn nothwendig schon lieb gewinnen; wer es aber gar nicht fühlen kann, wie schön sie ist, den muß man mitleidig bedauren.

Töffel singt itzt ein comisches Lied, welches der deutlichste Beweis ist, daß das Comische der Musik haupt-

hauptsächlich in der kurzen Deklamation besteht, wo jede Sylbe fast ihre Note bekömmt. Freylich thun hier die Zwischenspiele der Instrumente und auch selbst die Aussprache und die Aktion des Sängers sehr vieles hinzu, um den Gesang ganz comisch zu machen, allein bey einer Stelle in diesem Liede, ist die Musik doch gewiß an sich selbst so comisch, daß gar nichts anders darauf passen könnte, und daß man es auch der Musik gleich anhören muß, daß sie einen comischen Ausdruck habe. Ich meyne hier die Stelle, wo zu vier und zwanzig Sylben nur ein Ton in der geschwindesten Bewegung immer wiederholt wird; während dessen die Instrumente eine scherzende Begleitung haben. Diese Deklamation ist gewiß schon an sich selbst comisch.

Michel, Marthe, Röse und Töffel singen itzt ein sehr gutes Quartett, in welchem sie sehr charakteristisch von einander Abschied nehmen. Michel fängt ganz ernsthaft im Hauptone an:

Nun Marthe, lebe wohl;

Marthe, das alte Weib, singt dieselben Worte mit dem nämlichen Gesange, nur einen Ton höher, in der weichen Tonart ganz weinerlich; Töffel aber plumpt wieder mit seinem Abschiede gerade in die

Quinte

Quinte des Hauptones, und Röse schließt ganz leichtsinnig im Hauptone.

Nun kömmt Michel mit seiner feinen Lehre an sein Weib, und singt sie recht mit Bedacht; Marthe fällt ihm ins Wort, und scheint es ihm ihrem Gesange nach etwas übel zu nehmen, daß er die Lehre noch für nöthig hielt.

Töffel erinnert seine Röse, an ihn zu denken, so wie sie sonst gethan, mit eben dem plumpen Tone, so wie er sonst gethan. Er will es zwar anfänglich recht zärtlich sagen, aber das währt nicht lange. Röschen ermahnet ihn ganz spöttisch mit denselben Tönen sich zu bessern, sonst sagt sie, in demselben Gesange, den er erst hatte:

bist du nicht mein Mann.

Nun singen sie alle wechselsweise,

leb' wohl, leb' wohl!

und darzwischen geht eine schmeichelnde Begleitung, die da anzeigt, daß sich die Abschiednehmenden nicht wenig lieb haben.

Nun fängt Michel in ganz patriotischem Tone an:

Der König lebe wohl!
so geht es wie es soll!

Ihm folgen alle nach und singen:

der König lebe wohl!
so geht es wie es soll,
so gehts uns allen wohl.

Dieses kleine Chor ist sehr lebhaft componirt, und thut eine sehr gute Wirkung. Zum Schluß singen sie noch die Abschiedsworte, mit denen sich dieses Stück anfieng, und mit einem allgemeinen Leb' wohl! schließt es sich.

Die Vertheilung der Stimmen ist in diesem Quartett sehr gut, und verdient von jungen Componisten besonders nachgesehen zu werden.

Nun kommt das Schlußchor des ersten Akts, in welchem das Wiehern der Pferde, das Bellen der Hunde und das Geschrey der Jäger wohl ein wenig zu niedrig seyn mag; und worinnen H. H. seinem Dichter vielleicht gar zu treu gewesen ist.

Der Gesang des Chores überhaupt ist von allgemeiner Fröhlichkeit, und thut sehr gute Wirkung. Die musikalischen Schildereyen, aus denen dieses Chor eigentlich besteht, wollen wir nicht weitläuftig zergliedern. Das ist eine Sache, die man eines jeden eignem Witze überlassen muß; nur in Ansehung des Geschmacks noch die zwey Worte: man gehe sehr behutsam darinnen, weil man bald die Gränzlinie, die hier sehr fein zwischen Würde und Unanständigkeit gezogen ist, überschreiten kann.

Zweyter Akt.

Dieser Akt fängt sich mit einer Arie des Töffels an, welche seinem Charakter, wie alle übrige, vollkommen angemessen ist.

Der Unwille über die Thorheit der Jagd, ist eben so gut darinnen ausgedrückt, als sein Wohlbefinden. Man bemerke hier, wie gut H. H. die Worte des Unwillens ganz kurz deklamirt, dahingegen bey Erinnerung des guten Magens des Herrn Töffel, sich einige bequeme Ausdehnungen der Worte erlaubt hat.

Ich wünschte in dieser Absicht, daß das Wort setzen im zweyten Theile auch nicht gedehnt wäre; ob ich gleich gewissermaßen der weiblichen Endigung wegen, die Nothwendigkeit dazu erkennen muß.

Ich habe bey jeder Vorstellung dieser Oper auf allen deutschen Theatern bemerkt, daß man diese Arie und alle übrigen Arien, die dieselbe Aufschrift haben, zu langsam gesungen hat; und will deshalb hier nur erwähnen, daß man das Andante vivo fast für Allegretto nehmen muß.

Röschen singt nun eine Arie, die voller Ausdruck ist. Gleich beym Anfange:

Ach nein! was kann ich hören?!

hat

hat H. H. die Frage nicht ausgedrückt, und man merke wohl, mit Recht nicht: denn es ist hier mehr eine Klage, als Frage; durch diese aber würde der Gesang lebhafter und also weniger klagend geworden seyn, welches er itzt im hohen Grade ist. Und dieses bedurfte Röse, um den dicken Töffel zum weinen zu bringen.

H. H. hat hier gewiß auch an die richtige Bemerkung gedacht, daß Leute, die nicht fein genug zu betrügen wissen, bey einer angenommenen Empfindung, die nur Verstellung seyn soll, jederzeit den höchsten Grad derselben zu erreichen suchen, um für die Entdeckung ihres Betrugs sicher zu seyn. Feinere Leute, die den Menschen besser kennen, finden eben in diesem übertrieben hohen Grade die Erklärung; allein zu diesen gehört Töffel nicht.

Wie schön ist die dritte Zeile nicht abgekürzt, wenn der Componist anstatt:

Mein Töffel, der liebt mich nicht mehr,

sagt, mein Töffel, — mein Töffel — der — liebt mich — liebt mich — nicht mehr! Und wie ausdrückend das Zwischenspiel der Instrumente bey diesen Pausen dadurch wird, daß sie nur immer dieselben abgebrochenen Töne der klagenden Sängerinn wiederholen.

Die Schauspielerinn kann sich das Schluchzen ersparen, und man wird doch, bloß der Musik nach, glauben: man hörte sie schluchzen.

Aber nicht nur um das Schluchzen auszudrücken hat H. H. diese Abkürzungen gemacht, es liegt noch sehr viel Ueberlegung mehr darinnen.

Das muthwillige Mädchen weis, daß Töffel zugegen ist, und will ihm nur den Streich spielen, daß er mitweinen soll. Um nun also theils sicher zu seyn, daß er ihre Worte recht verstehe, so wiederholt sie die beyden Worte: mein Töffel; theils aber hat sie auch die Absicht, ihn dadurch merken zu lassen, wie lieb er ihr ist. Eben dieses auch bey der Wiederholung der Worte: liebt mich — wie wünschte sie es nicht, daß er sie noch lieben möchte, — aber nein — liebt mich nicht mehr.

Hier kann sie nicht mehr fort, sondern fängt an zu weinen. Wie weise! Alle Wiederholungen würden nunmehro unnatürlich seyn, nachdem sie die Worte: liebt mich nicht mehr, ausgesprochen hat. Thränen müssen darauf folgen, und es geschieht. Sie weint, und weint so herzlich, daß — Töffel mitweinen muß.

Lachen Sie ihn nicht aus, meine Schönen! Wer hätte da nicht mitweinen mögen? Die ganze

Musik

Muſik weinte mit; und bald hätten ja auch Sie
mitgeweint. Genug, Töffel weint von ganzem
Herzen mit; und Roſe — da ſie ihren Endzweck
von dieſer Seite erlangt hat, verändert ſie die
Maske, und fängt ganz leichtſinnig an:

> doch, ſollt ich mich darum betrüben?
> kann ich doch auch anderswo lieben:
> Es giebt der Töffel mehr,
> die beſſer ſind, als er.

Hier gebe man Achtung, mit wie vielem Nachdrucke H. H. dieſe letzten Worte wiederholt. Sie
ein- oder zweymal ſingen zu laſſen, und ſie ſo in
ihrer Ordnung wiederholen zu laſſen, wäre nicht
hinlänglich genug geweſen, um Töffeln recht bange
zu machen. Der Componiſt fängt alſo an, die
Worte nachdrücklich abzukürzen, nachdem er die
beyden letzten Zeilen einmal ganz wiederholt hat;
und ſagt, beſſer, beſſer, mit zwey recht ſcharfen
Tönen, die durch die Wiederholung der Inſtrumente in höhern Tönen noch ſtärker werden; die
beſſer ſind als er. Nun wiederholt er dieſe ganze
Abkürzung noch einmal, und läßt alsdann die
Worte: die beſſer ſind als er, wieder zweymal
ſingen.

Das war alſo recht boshaft darauf angelegt,
Töffeln an Händen und Füſſen zittern und in der
Bruſt

Brust beklommen zu machen. Was thut Röse, da sie ihren Töffel in dieser Angst sieht? — Sie lacht ihn aus. Freylich ein wenig gezwungen; aber das rechtfertigt sie noch einigermaßen.

Hierauf folgt eine Arie, die Hannchen singt, und die der Componist ganz in ihrer Seele gesungen hat.

> O, daß mich doch sein Herze liebte!

wie schön das deklamirt ist, und wie wahr!

> so wie mein Herz, so wie mein Herz ihn liebt!

Hier erlaubt man es dem Componisten sehr gerne, gleich beym Anfange der Arie die Wiederholung zu machen: denn es ist der heißen, unruhigen Liebe der Hannchen vollkommen angemessen, und die Worte werden uns dadurch nicht unverständlich gemacht; aber wohl desto tiefer eingedrückt.

Wie viel Ueberredung in dem simpeln Gesange der Worte:

> ich war es nicht, die ihn betrübte,

liegt, wird jeder, der Gefühl hat, sehr leicht empfinden. Bey den Worten:

> so sehr ich ihn betrübt

hört man es deutlich, wie wehe es ihr thut, daß sie ihn so sehr betrübt.

Sehr

Sehr gut ist es auch, daß H. H. mit dem wiederholten Wunsche:

> O, daß mich doch sein Herze liebte,
> so sehr mein Herz ihn liebt,

den ersten Theil der Arie schließt, ohne erst die Entschuldigung noch zu wiederholen, die sie weder sich, noch dem Zuschauer nöthig hat, zweymal zu sagen. Wer glaubt es ihr nicht?

Der erste Theil schließt in der Quinte des Haupttones, und nun nimmt H. H. den zweyten Theil der Poesie, setzt ihn in die Mitte, und fängt ihn wieder in der Quinte, aber in der weichen Tonart zu singen an. Dieser Theil ist sehr gut deklamirt, und auch die Gleichheit der Rythmen mit besonderer Sorgfalt beobachtet.

Ein Uebergang von fünf Takten leitet wieder in den Hauptton ein, und Hannchen wiederholt nach ihrer kleinen Erzehlung sehr natürlich den Wunsch:

> O, daß mich doch sein Herze liebte, u. s. w.

Nun singt Hannchen eine moralische Arie, bey der H. H. alles das, was er daran ausdrücken konnte, ich meyne den edlen Unwillen, sehr gut ausgedrückt hat. Im zweyten Theile ist aber auch eine sehr gute Ueberlegung noch besonders zu bemerken. Um die vier Zeilen:

Sein

> Sein betrügen,
> künstlich lügen,
> listig quälen,
> schlau bestehlen,

nicht gar zu sehr auf einander zu häufen, hält er bey jeder Zeile inne, und läßt die Instrumente denselben Gesang, der auf den Worten stand, wiederholen.

Ich finde hierinnen zwey Feinheiten. Das Anhalten der Singstimme geschieht, damit der Zuhörer nicht nur die Worte deutlich vernehmen, sondern auch überlegen möge. Daß aber die Instrumente dieselben Töne wiederholen, geschieht, um die Worte desto eindringender zu machen, und auch den Eifer, mit dem sie billig hinter einander ausgesprochen werden sollten, dadurch zu erhalten, da jenes, wie oben bemerkt, der Deutlichkeit und des Nachdrucks wegen nicht geschehen konnte.

Auch sind hier die Worte:

> Das nur ist ein grosser Mann,

mit sehr gutem Nachdrucke getrennt wiederholt.

Ueber das folgende Lied:

> Als ich auf meiner Bleiche ꝛc.

darf ich nichts mehr sagen; die ganze deutsche Nation hat schon darüber entschieden, daß es völlig so ist,

ist, wie die Lieder von der Art seyn müssen. Denn jeder Mann, vom hohen bis zum niedrigsten, singt und spielt es und pfeift es, und fast sollte ich sagen und trommelt es, so sehr wird es in ganz Deutschland auf alle nur mögliche Art gebraucht.

Ich habe bey diesem und einigen andern Hillerischen Liedern, so oft ich sie so hörte, immer bey mir selbst gedacht: „wollte ich doch lieber das kleine Lied gemacht haben, als alle die tausend Stücke, die aus meinem Gehirne oder meiner Hand geflossen! Denn was kann wohl angenehmer seyn, als das Bewußtseyn, zu der Fröhlichkeit einer ganzen Nation so vieles beyzutragen!"

Ich muß indessen doch dem jungen Componisten durch eine kleine Bemerkung, die ich bey diesem Liede gemacht, aufmerksam darauf machen, wie sehr man in solchen Stücken alle Schwierigkeit zu vermeiden habe. So oft ich dieses Lied von gemeinen Leuten habe singen hören — und das ist viele tausend male geschehen —, so habe ich nie gehört, daß sie in dem vierten Takte vor dem Ende das Dis vor dem D gesungen hätten, sondern alle sind gleich ins D gefallen. Es ist dieses eine Kleinigkeit, aber sie giebt zum Nachdenken Anlaß.

Eben in dieser Absicht will ich dem Leser noch eine kleine Bemerkung mittheilen. Sie ist diese:
Man

Man gebe auf den Gesang des gemeinen Mannes acht, wenn er sich selbst zu einem Liede die Melodie macht, oder auch eine andre, die er nur halb behalten hat, nun für sich verändert, und sie nach seiner Art singt, so wird man nie gedehnten Gesang, sondern jederzeit nur kurze Deklamation bey ihm finden; jeder Sylbe giebt er seinen Ton. Und ich glaube, daß dieses mit eine Ursache ist, woher das Lied: **Als ich auf meiner Bleiche**, vor allen andern Hillerischen Liedern am allergemeinsten ist. Es ist mehr kurze Deklamation darinnen, als gedehnter Gesang; und selbst die wenigen zusammengezogenen Noten kürzt der gemeine Mann noch ab, und singt nur einen Ton von zweyen zu jeder Sylbe.

Fließt hieraus nicht ganz natürlich die Frage: Ist der gedehnte Gesang natürlich oder unnatürlich? Und liegt nicht auch die Entscheidung der Frage in dieser Bemerkung?

Röschen singt itzt eine in ihrer Art ganz vortreffliche Arie. Ehe ich aber von der Composition derselben spreche, muß ich erst einen Druckfehler bemerken, der sich allgemein, so wohl beym Dichter, als Componisten eingeschlichen hat. Es steht

Ich habe Töffeln auf mich —
Hier wird in der Musik angehalten,
so oft schon böse gesehn: Ohne

Ohne allen Zweifel aber muß es heissen:

>Ich habe Töffeln so oft
>auf mich schon böse gesehn.

Und wenn gleich der Reim widerspricht, und darüber verloren geht, so muß es doch ein Druckfehler seyn: Denn wie es dort steht, führt es gewisse Leute auf eine niedrige Zweydeutigkeit, die weder das feine Gefühl des Dichters noch des Componisten billigen kann.

Und nun zur Composition dieses Stücks.

In der ersten Abtheilung, die più tosto andante überschrieben ist, läßt H. H. den Brummbären durch die Bässe brummen. Für die comische Oper geht das wohl an, man vergesse aber nie daran zu denken, daß es sich auch nur einzig allein für diese Art Stücke schicke; sonst aber zu niedrig für die Musik ist.

Im Anfange der zweyten Abtheilung, die Allegretto überschrieben ist, ist gleich Röschens muthwilliger Scherz ganz vortrefflich ausgedrückt:

>Dann schälk' ich, ich lache,
>ich küßl' ihn, ich mache
>ein Affengesicht, —

Picini, der vollkommenste comische Opern-Componist unter den Italienern, und wie Galuppi sagt,

sagt, der Einzige, hätte es nicht besser ausdrücken können.

Die Worte:

<blockquote>und hört er noch nicht</blockquote>

scheinen mir nicht wichtig genug zum Wiederholen zu seyn, noch weniger aber das Zwischenspiel zu verdienen. Wie schön aber ist folgender Ausdruck nicht?

<blockquote>so schlag' ich tief die Augen nieder,
ich wein ein Thränchen, häng den Kopf,</blockquote>

Es ist nicht nur wahrer Ausdruck der Empfindung darinnen, sondern auch die feinste Illusion, als musikalische Malerey betrachtet. Und weiter — doch man spiele und singe und fühle selbst. Worte drücken das gar nicht aus, was ich hier sagen möchte.

Ganz besonders merkwürdig zur Zergliederung ist mir die folgende Arie, in der Christel den Verlust seines lieben Mädchens so zärtlich klagt, als Hannchen nur immer um ihn klagen könnte.

Ein kleines Vorspiel von vier Takten leitet den Zuhörer eben so sicher in die Empfindung des Stücks, als es den Sänger in den Ton leitet.

<blockquote>Mein Hannchen war für mich allein
auf dieser Welt geboren!</blockquote>

Wie

Wie viel Nachdruck erhält der Gesang, der an sich schon so schmelzend ist, nicht durch das starke Steigen auf den Worten:

<blockquote>auf dieser Welt —</blockquote>

Der Sänger holt es aus der Tiefe der Brust hervor, so wie es H. H. aus dem Innersten des Herzens heraus sang; er scheint sich erschöpfen zu wollen: und eben so bey der Wiederholung dieses Gesanges, wo die Worte:

<blockquote>sie ist für mich verloren,</blockquote>

darauf zu stehen kommen.

Bey der folgenden Betrachtung des Christels:

<blockquote>
Vergnügen oder Pracht,
Zwang oder Tyranney,
List, oder Leichtsinn macht
mir Hannchen ungetreu!
</blockquote>

wie da in der Musik immer Unwille mit Schmerz vermischt durchscheint.

Es giebt Componisten, die auf die Worte:

<blockquote>Vergnügen oder Pracht</blockquote>

hätten können fröhliche und glänzende Gedanken anbringen, ohne daran zu denken, daß dieses Vergnügen, diese Pracht, worinnen Christel Hannchen glaubt,

glaubt, die Ursache seines Schmerzes ist, und daß die Erinnerung dessen, noch Unwillen darzu bey ihm erregen muß.

Zwang oder Tyranney,

Wenn der Sänger das Verhaßte dieser Worte recht zu fühlen weis, so hat er hier Gelegenheit, sie so auszusprechen, daß sie dem verhaßt werden müssen, der ihnen noch nicht flucht.

H. H. wiederholt die letzten Worte noch einmal, und, man bemerke wohl, lebhafter, als das erste mal. Eine Bemerkung, die man sich zur Regel machen kann; und die allgemein gilt, nicht nur bey Singesachen, sondern auch eben so bey Instrumentalsachen. Die Neuheit und das Unerwartete hat sehr großen Antheil an dem Eindruck, den ein Gedanke machen soll. Wiederholt man ihn, so ist er nicht mehr neu; er hat also schon ein Interesse weniger, und seine Wirkung ist bey der Wiederholung schwächer; man suche ihn also zu verstärken. Auch ist es der Natur der Empfindung gemäß, bey dem Wiederholen eines Gedankens lebhafter zu werden.

Die Wiederholung der letzten Zeile:

mit Hannchen ungetreu,

ohne

ohne das Verbum dabey zu wiederholen, diene dem jungen Componisten nicht zur Entschuldigung bey ähnlichen Fällen, aber wohl dem Dichter zur Warnung, bey musikalischer Poesie den Sinn nicht so aus einer Zeile in die andere zu ziehen, daß nicht jede Zeile für sich allein verstanden werden kann. H. H. mußte hier etwas zum Schlusse wiederholen, sonst wäre, in Ansehung der übrigen Einrichtung des Stückes, der Schluß gar zu kurz abgebrochen gewesen. Wäre es aber doch nicht besser gewesen, wenn der Componist lieber gesagt hätte:

macht Hannchen ungetreu?

denn so bald er den Vers des Dichters nicht bequem zur Musik findet, dünkt mich, steht es ihm frey, jede Aenderung damit vorzunehmen, die ihn nur musikalischer macht.

Derselbe Gedanke, der das kleine Vorspiel dieser Arie machte, führt itzt sehr leicht und ungezwungen in den Hauptton des Stücks. Christel wird dadurch an die ersten Verse dieser Arie erinnert, und die Klage wacht wieder bey ihm auf.

Nun gebe man aber wohl Acht, wie er die ersten Zeilen wiederholt, und was für ausdrucksvolle Abkürzungen und Wiederholungen der Componist mit den wenigen Worten macht, die Christel hier wiederholt. Es ist dieses ein wahres Muster, wie alle Da Capo beschaffen seyn sollten.

Sehr natürlich ist es, daß jemand bey einer sehr lebhaften Empfindung die Worte, mit denen sie zuerst ausbrachen, wiederholt, nachdem er andere dazwischen gesungen, die eben diese Empfindung nur mehr aus einander setzten. Aber eben so unnatürlich ist es auch, daß er sich mit denselben Worten, oder vielmehr in derselben Ordnung der Worte wiederholen soll. Daher sagt Christel nur:

> Ja, Hannchen war für mich geboren:
> und ach! sie ist verloren!

Sehr gut! Aber wie vieles thut nun nicht noch der Componist zum wahrhaften Ausdruck der Empfindung hinzu. Er sagt in klagenden Tönen:

> Ja! Hannchen war für mich —

eine aufsteigende Thräne unterbricht ihn einen Augenblick: die Instrumente setzen indessen die Klage fort. Aber nicht lange: denn gleich fällt Christel wieder ein, und wiederholt mit den allerlebhaftesten Tönen:

> für mich war sie geboren!
> und ach! —

er hält inne: denn er kann für Schmerz kaum mehr singen:

> und ach!

Nun

Nun ist seine Empfindung so hoch gestiegen, daß er unmöglich in der Ordnung mehr fortsingen kann: er sagt also nur die letzten Worte schluchzend:

    sie ist verloren! :

Nun spielen die Instrumente wieder das kleine Ritournell, welches am Anfange stand, und wollen damit schliessen. Christel aber hat die Brust etwas durch Thränen erleichtert, fällt beym dritten Takte ein, und bricht noch einmal mit grosser Heftigkeit in die Klage aus:

    sie ist verloren!
    sie ist verloren!

Und nun stirbt die Musik in klagenden Tönen allmählig ab: damit er in seinen Schmerz sich versenke.

Wie vortreflich! wer sieht und fühlt hier nicht die wahrhafte Natur der Leidenschaft! So wahr, wie sie Rode nur immer malen kann. Ich kenne wenig Stücke der größten Meister, die mit so vieler Ueberlegung und zugleich mit so vieler Seele den wahren Gang der Empfindung so glücklich ausdrückten! Eben so geht es mir mit vielen historischen Gemälden jenes grossen Malers. Nur bey ihm finde ich den feinen, denkenden Kopf, mit so warmer, oder vielmehr glühend heisser Seele vereinigt.

Chriſtel ſingt itzt ein kleines Lied, das der Liebling aller feinen Seelen iſt.

> Wie ſchön war ſie!
> ſo ſchön kann nie
> die Flur im Lenze prangen:
> wie Roſen ſchien
> ihr Mund zu blühn,
> wie Pfirſchen ihre Wangen.

Die Muſik entſpricht hier vollkommen der reizenden Poeſie. Die ſüßeſte Erinnerung an die Schönheit und Güte ſeines Mädchens giebt Chriſteln den Geſang ein; wie kann er da anders, als lieblich ſeyn? Der Schmerz über den Verluſt dieſes ſüßen Mädchens giebt ihn aber den Ton der zärtlichen Klage; wie kann er da anders als rührend ſeyn? Und gewiß beydes iſt er im höchſten Grade. Man ſinge; ich ſinge mit.

Nun bemerke man aber in der folgenden Arie der Hannchen, wie weiſe und wie glücklich H. H. die Freude des guten Mädchens über ihren Chriſtel ausgedrückt hat. Der Hannchen eine fröliche Arie zu geben, wo ſie ſelbſt viel geſchwinde Noten ſingen müßte, wäre ihrem Charakter gar nicht angemeſſen. Ihre Freude mußte ſo beſchaffen ſeyn, daß ſie für Freude kaum ſingen konnte; und ſo finde ich ſie hier.

Indessen sollte doch ein fröhlicher Gang in der Arie seyn, und auch der ist darinnen, und zwar drücken ihn die Instrumente aus. Hannchen singt immer in abgebrochenen kurzen Sätzen, indessen die Instrumente den fröhlichen Gang fortgehen. Hier ist das Spielende der Instrumente, welches die Italiener Scherzare nennen, vollkommen gut angebracht: denn es steht nicht blos zur Vergnügung des Gehörs, sondern vielmehr zur Beförderung des wahren Ausdrucks da.

Der ganze Gang und die Melodie dieser Arie ist sehr schön; besonders aber zeichnet sich der Ausdruck des Gedankens aus:

> mir zittern für Freude die Glieder.

Christel singt nun eine Arie, die alles das, was er empfindet, sehr gut ausdrückt. Erinnerung an die vorige Liebe, Ungewißheit über die Treue seines Mädchens; Verlangen, Sie noch treu zu finden.

Eben so zärtlich, wie der Gesang der ersten Zeile ist:

> Du warst zwar sonst ein gutes Kind,
> du liebtest mich, ich dich;

so viel Nachdruck liegt auch auf den Worten:

> doch auch die besten Mädchen sind
> gar oft veränderlich,

wenn

wenn sie der Sänger beyde male recht vorzutragen
weis. Ich dächte, es müßte jedem Mädchen nothwendig das Herz stärker schlagen, wenn sie die
Töne der beyden Worte: gar oft — hörten!
Und so auch bey dem Eifer und der Ueberzeugung,
mit der er folgende Worte singt:

> Ein schönes Kleid, ein glattes Wort
> kann leicht ihr Herz verderben.

Nicht nur der Ausdruck, sondern auch die Worte
der beyden ersten Zeilen veranlaßten hier den Componisten, sie kurz fort zu deklamiren. Auf der
letzten Zeile liegt aber ein gewisser Nachdruck, der
Warnung in sich zu halten scheint.

In den folgenden Worten:

> bist du auch so? so laß mich fort,
> so laß mich gehn und sterben,

finde ich in der Musik so viel Ausdruck des sehnen-
den Verlangens, sie möchte nicht so seyn, daß ich
dieses für einen der feinsten Züge dieser Oper halte.
Der Ausdruck des herzlichen Wunsches, der hier
durchschimmert, scheint mir besonders durch das
Steigen desselben Gedankens in die Quarte hervor-
gebracht zu werden.

Röse, die uns schon lange nichts vorgesungen
hat, singt nun ein Lied, aus dem ihr muntrer

Charakter

Charakter und auch ihr gutes Herz hervorleuchtet. Das kurze Vorspiel von zwey Takten verkündigt schon ganz deutlich, daß Röse singen wird. Sehr gut ist es, daß der Baß in den geschwinden Noten fortfährt, aus denen das Vorspiel besteht; theils wegen des muntern Ausdrucks dieses Liedes, theils aber auch der Einheit des Stücks wegen: die H. H. überhaupt so gut in allen seinen Stücken beobachtet, daß jedes für sich ein Ganzes ist.

So oft ich hieran denke, thut es mir leid, daß H. H. nur für dieses Fach arbeitet; und ich habe schon oft gewünscht, daß er keine comische Laune haben möchte, um nie auf diese Art Opern verfallen zu seyn. Denn wenn man ihn von der Seite seines Verstandes und seines feinen richtigen Gefühls betrachtet, so findet man wirklich, daß er zu gut für dieses Fach ist; und besonders alsdann, wenn man noch einen Blick auf die elenden Sänger unsrer Theater wirft. Und diese unausstehlichen Stümper, die keinen Ton rein singen können, und noch weniger wissen, was Musik heißt, bilden sich recht viel auf ihr Geheule ein, und glauben, die Musik eines Hillers sey nicht gut genug für Sie. Was thun Sie? Sie nehmen schwere italienische Arien aus ernsthaften Opern, und zwingen da die deutsche Poesie mit Gewalt hinauf, so daß oft das

Sylbenmaaß des Verses sich nicht einmal zum Zeitmaaß der Arie paßt, und so nothzüchtigen sie ihre Zuhörer auf die aller erbärmlichste Weise. O, über die Schande unsrer Nation!

Ich komme itzt in der Fortsetzung meiner Zergliederung auf ein sehr schönes Terzett, das überaus viel Annehmlichkeit und Ausdruck im Gesange hat, und sehr charakteristisch ist.

Christel fängt an:

Ich sterbe fast für Freuden, u. s. w.

Hannchen, die von derselben Empfindung voll ist, singt sehr richtig dieselben Worte in denselben Tönen nach. Röschen singt darauf; ihr Gesang ist so wie ihre Worte, durch einen gewissen freyeren Ton von dem vorigen einigermaßen verschieden.

Nun singt Christel:

Nach überstandnen Schmerzen
ist einem treuen Herzen
die Liebe doppelt schön.

Hannchen singt es nach. Hier fragt es sich: Erinnert man sich des überstandnen Schmerzes unter drauf folgenden Freuden, so daß man ihn noch einmal fühlt; oder erhebt nicht der bloße Gedanke daran schon die gegenwärtige Freude um so viel
stärker?

stärker? Ist das letztere wahr, so ist es nicht gut, daß jene Worte in der weichen Tonart gesungen werden. Man untersuche selbst.

Zur Abstechung der darauf folgenden Worte, die Röse singt, dienet es ganz vortrefflich. Nie habe ich lebhafter charakterisiren hören, als die Töne der folgenden Worte Rösens Charakter bezeichnen:

> Nein, sagt mir nichts von Schmerzen!
> auch unter schlauen Scherzen
> bleibt doch die Liebe schön.

Diese Worte sind so schön deklamirt, als möglich. Röse, ihre ganze Liebe wird darinnen bezeichnet; und dieses wird freylich durch den vorhergegangenen traurigen Gesang desto stärker; aber hätte es ein blos zärtlicher Gesang nicht auch gethan?

Nun verändert sich die Bewegung, und der Gesang wird allgemein fröhlich. Zuletzt singen sie ein kleines Chor, das den vollkommensten Ausdruck der höchsten, glücklichsten Zufriedenheit hat. Es sind wenig Noten, die mich aber jederzeit fast bis zu Freudenthränen gerührt haben. Die edle Symplicität des Gesanges, und die völlige Reinigkeit der Harmonie bringen hier die vortrefflichste Wirkung heraus.

Ein

Ein allerliebstes Lied, das eben so wie jenes, als ich auf meiner Bleiche, allgemein beliebt ist, wird itzt von Hannchen gesungen. Der erzählende Ton ist völlig darinn getroffen; vorzüglich schön ist der Ausdruck:

> mein Herz ist nicht mehr mein.

Es liegt eine zärtliche und gewissermaßen frohe Erinnerung an Christels Liebe drinnen.

Diesem Liede folgt ein schönes Duett, welches voller Stärke im Ausdruck ist. Der Gang des Basses drückt den Charakter der ganzen Situation sehr gut aus. Es ist so viel feine Illusion des brausenden Sturms des nahen Donnerwetters, ohne in abgeschmackte Malereyen zu verfallen; Es drückt vielmehr nur die Empfindung des Grausens aus, welches bey solchem Aufruhre der Natur in der menschlichen und besonders in der weiblichen Seele entstehet, und erregt sie. Hannchens Angst wird durch den schönen Gedanken am Ende des Vorspiels vollkommen ausgedrückt. Und besonders, wenn sie hernach die Worte drauf singt:

> auf! laß uns fliehn!

Das Aengstliche und Unentschlossene wird durch den vorschlagenden Baß und die nachschlagenden Noten der Oberstimme sehr gut ausgedrückt.

Eben

Eben so gut ist auch das feste und ruhige Wesen in Christels Seele ausgedrückt. Den Worten:

> wo du bist, lächelt ein heiterer Himmel,

folgt ein sehr schöner zärtlicher Gedanke zum Nachspiel der Instrumente: auf den hernach Hannchen, nachdem sie durch Christels Worte und Standhaftigkeit etwas ruhiger geworden, folgende Worte singt:

> Ist es nun von Stürmen frey?
> Ist dein Herz von Stürmen frey?

Christel antwortet darauf im überzeugenden Tone:

> Ja, denn du warst und bleibst mir treu.

Die Ueberzeugung von ihrer Treue scheint mir besonders dadurch ausgedrückt zu seyn, daß er die Worte: du warst mit so vielem Nachdrucke einige mahle wiederholt.

Ein beruhigendes und zur Standhaftigkeit auffordernden Zwischenspiel macht Hännchen endlich so beherzt, daß sie mit Christeln singt:

> So mag es denn stürmen und donnern und blitzen,
> uns wird die gefällige Liebe beschützen.

Zu der ersten dieser beyden Zeilen braucht H. H. auf eine sehr gute Art das Thema. Wie sich dieses paßt, da es beym Anfange doch Furcht ausdrücken sollte? H. H. hat die Begleitung abgeändert.

Wir

Wir haben oben schon bemerkt, daß der Ausdruck der Bangigkeit und Unruhe in der Begleitung des Basses lag; diesen, der dort in wildfortströmenden Tönen bestand, wechselt H. H. mit einem, der durch die stäte Wiederholung derselben Note, Entschlossenheit und Standhaftigkeit ausdrückt.

So sehr ich auch von diesem Stück, welches jederzeit eine starke Wirkung auf mich gemacht, eingenommen bin, so kann ich doch unmöglich die Wiederholung des einzelnen Wortes: beschützen, am Schlusse billigen. Dieses abgerissene Wort, welches man dreymal hinter einander, ohne den übrigen Zusammenhang, zu hören bekömmt, macht eine ganz besonders widrige, und fast sollte ich sagen, lächerliche Wirkung. Rost oder Grecours würden sich hier nicht enthalten können, eine boshafte Anmerkung zu machen; und ich muß selbst bekennen, daß ich nur einen Punkt des menschlichen Lebens kenne, in dem man das letzte Wort der vorhergegangenen Rede ohne weiteren Sinn wiederholt.

Der Sturm kömmt näher; die Donnerschläge verdoppeln sich, und das zärtliche Paar flieht. H. H. hat hier sehr glücklich eine Symphonie angebracht, die vollkommen die Empfindung ausdrückt, die mit solcher schrecklichen Scene verbunden ist;

und

und die dadurch noch ein besondres Interesse bekömmt, daß sie gewissermaßen aus dem vorhergegangenen Duett genommen ist.

Nun tritt der König auf. Die Musik bekömmt gleich eine ganz andre Gestalt. Man hört einen Gesang, in dem stille Größe und wahre Hoheit herrscht.

So gerne ich sonsten auch die gewöhnliche Form der ausführlichen großen Arien, den vornehmern Herren zum Unterscheidungszeichen zugestehen will, so gefällt mir an dieser Arie des Königs die nachdrückliche Kürze doch ungemein; und ich glaube, daß dieses das mehreste zu der Hoheit ihres Charakters beyträgt.

Die Poesie der Arie war auch schon an sich keiner häufigen Ausdehnungen und Wiederholungen fähig, da sie von moralischem Inhalte ist.

Es ist aber kein König, der nur immer und allein an seine Majestät denkt; es ist ein Menschenfreund; ein Mann, der ein feines Gefühl und ein zärtliches Herz hat, es ist Heinrich der Vierte. Darum konnte ihn H. H. auch das folgende Lied mit so allerliebstem angenehmen Gesange singen lassen. Um den königlichen Charakter aber auch

in diesem Liede nicht aus den Augen zu laßen, wählt H. H. eine Bewegung, die einen gewissen ernsthaften und anständigen Gang hat; ich meyne das alla Polacca.

Man hat längst schon die Bemerkung gemacht, daß der Tanz der Polen einen gewissen stolzen Schwung hat, der den Charakter der Nation einigermaßen bezeichnet; und ich finde diese Bemerkung sehr gegründet. H. H. hat sich hier dieser Bewegung sehr glücklich bedient.

Am Ende jedes Theils wird man bemerken, daß H. H. die letzte Zeile mit einer Abkürzung wiederholt hat, und daß zwar der Gleichheit der Rythmen und des ausdrückenden Zwischenspiels wegen; man bemerke aber auch, wie gut diese Abkürzung und Wiederholung, die in der ersten Strophe sehr leicht und natürlich war, auch auf die zweyte Strophe angewandt ist. In der ersten Strophe hieß es:

 das gefällt uns allen.

da sagt H. H.

 das gefällt uns,
 das gefällt uns allen.

In der zweyten Strophe heißt es aber:

 unsre guten Alten.

da sagt H. H.
> unsre Alten,
> unsre guten Alten.

Hier ist die Umkehrung, nicht nur durch beyde Strophen, durch diese Versetzung passend geworden, sondern das Beywort der letztern Zeile bekommt noch einen gewissen Nachdruck dadurch, daß es bey der Wiederholung erst vorkömmt, den es sonst nicht haben würde.

Eben so im zweyten Theile, wo es heißt:
> jung und artig nicht gefallen,

und wo H. H. in der zweyten Strophe eine ähnliche Versetzung macht. Es heißt da:
> wie die weisen Väter halten.

H. H. sagt:
> wie die Väter,
> wie die weisen Väter halten.

Wie aber nun Michel und der König zum Duetto zusammen kommen, das weis der Mann im Monde. Ich weis aber, daß ich es in der Stelle des Herrn Hillers nicht componirt hätte. An Beobachtung der Charaktere ist da gar nicht zu denken: der König singt wie der Bauer, und der Bauer wie der König. Ich will davon still schweigen, und sie auf Kosten ihrer Lunge immer singen lassen.

F Dritter

Dritter Akt.

Röse eröffnet diesen Akt mit einer Arie, die sehr gut deklamirt ist, und bey kurzer, forteilender Deklamation doch einen guten gefälligen Gesang hat.

Für einen Mann, wie H. H., der Geschmack genug hat, um nicht das Fliehen der Gespenster, das Spuken des Alps und des Rübezals, das Ziehen der Drachen, das Tanzen des Irrwisches, das Kneipen des schwarzen Mannes mit rauchen Tatzen, und das Schreyen der Hexen in Form der schwarzen Katzen, auszudrücken, für diesen war eben nicht viel Interesse in der Poesie dieser Arie. Himmel, was wäre dieses nicht für ein Feld für Telemann oder gar Mattheson gewesen? Unter einer Stunde wären wir gar nicht losgekommen. Alle musikalische Instrumente, und allenfalls auch noch die unmusikalischen hätten hier herhalten müssen, um uns alle jene Hexereyen, recht deutlich gemalt, vorzustellen. Und dann zu dem guten Effekt dieser Schildereyen noch hinzu gerechnet, daß sie — in der Kirche — in einer Paßion vorgekommen wären — Pfui, über die Unanständigkeit! Schände falle auf ihre Nachahmer!

Am Ende dieser Arie schläft Röse, von dem süßen Gedanken, bald an Töffels Seite zu ruhen, berauscht, allmählig ein. Ich will hier nicht den Ausdruck des Componisten loben: das Lob wäre zu klein für Herr H. Allein ich kann mich nicht enthalten, des vortrefflichen Spiels zu erwähnen, mit welchem ich die ehemalige Mademoiselle Steinbrecherinn, itzt Madame Hübler, diese Scene habe spielen sehen. Die wahrhafte Natur war in ihrer Stellung, in ihrer Sprache, in jeder kleinen Bewegung. Ueberhaupt schien sie mir zu solchen naiven Rollen geboren zu seyn; sie spielte sie alle mit so vieler Wahrheit und Anmuth, daß sie hierinnen gar nicht übertroffen werden kann.

Marthe singt itzt ein Lied in der Seele des erstandnen und herum wandelnden Beckersgeistes des Dorfs. H. H. hat zu diesem einen völlig passenden Gesang und Ton gewählt; es ist ungefähr der Ton, in dem Schakespears Geister reden, wenn sie herum irren, die Menschen zu erschrecken.

Rösen wird auch wirklich bange, sie rückt nach und nach näher an die Mutter, und verbirgt sich endlich gar' in ihrem Schooße. Hier muß man die Steinbrecherinn spielen sehen.

Der

Der König:

> Eine (g) Flasch in Phillis Hand
> (Welch ein schöner Gegenstand!)
> sieht der finstre Weise blinken.

Ueberhaupt hat diese Arie einen sehr edlen Gang; der Gang ist königlich; im Einzelnen aber sind einige Bemerkungen darüber anzustellen, die Gelegenheit geben, verschiedenes dem jungen Componisten zur Warnung zu sagen.

In der ersten Zeile soll der stärkste Nachdruck auf Flasch liegen, nicht aber auf eine. Denn es darf nicht just nur Eine Flasche gewesen seyn, es könnten auch wohl zwey und drey seyn. Und ich dächte, diese gehörten doch am allerwenigsten dazu, um den finstern Weisen zum lieben zu bewegen;

(g) In des Herrn Fleischers Oper: das Orakel, kömmt ein ähnlicher Fall vor: nur umgekehrt: Ich sollte noch mein Glück Acht Tage lang verschieben! Da liegt der stärkste Nachdruck auf Tage, und das vorhergegangene Wort Acht, welches Nachdruck haben sollte, wird ganz kurz, und fast ohne gehört zu werden, fortgesungen. Ein Theil der Schuld liegt auch an dem Dichter, er hätte Acht nicht kurz brauchen sollen.

In einem Gleimschen Liede, von Herrn Fleischer componirt, ist eben völlig der oben erwähnte Fall: Ich mann von einer Frau: Da liegt in der Musik auch der Accent auf einer; und Herr Fleischer scheint sich zu wundern, daß er nur mit Einer Frau zufrieden seyn soll.

wegen; die Hand der Phillis, die einschenkt, muß dennoch immer dabey in Rechnung kommen.

Die Schuld jener verfehlten Deklamation liegt aber eben so wohl am Dichter, als am Componisten; er hätte eine nicht lang brauchen sollen. Und noch dazu gleich zum Anfange des Stücks. Dieses nöthigte den Componisten freylich, mit dem herunterschlagenden Takt anzufangen; allein wir haben ja in der Musik noch ein Mittel, den Werth der Sylben zu bestimmen: Höhe und Tiefe. Und mich dünkt, daß dieses mehr und stärker bestimmte, als Kürze und Länge. Denn selbst in der Sprache sprechen wir sehr oft eine so genannte lange Sylbe kürzer aus, als die drauf folgende oder vorhergegangene kurze Sylbe, nur wir steigen bey jener mit der Stimme.

Schriebe ich blos eine Beurtheilung der Hillerischen Oper, so würde ich jene Kleinigkeit gar nicht gerüget haben; denn ich bin versichert, daß es H. H. so gut weis, als ich, und daß er es bey dieser Gelegenheit nur nicht so genau hat nehmen mögen. Allein ich fand es nöthig, jenes dem jungen Componisten zu sagen; und die Gelegenheit dazu kommt in Herrn Hillers Arbeiten so selten vor, daß, hätte ich diese Stelle nicht genutzt, ich wohl schwerlich

dazu gekommen seyn würde. Dieses gelte auch von allem übrigen, was ich von dieser Art noch sagen werde.

Die folgende Zeile:

(Welch ein schöner Gegenstand!)

ist im Einschlusse gesagt, und kann also unmöglich so lang und gedehnt gesungen werden, als die erste; so gerne wir auch den schönen Gesang der ersten Zeile wiederholt hören; noch weniger aber kann sie vor und nach sich ein Zwischenspiel der Instrumente haben, welches die dritte Zeile so weit von der ersten absondert, daß man diese schon ganz vergessen hat, wenn jene kömmt. Noch übler aber ist es, daß der Componist die dritte Zeile erst zweymal abgekürzet singen läßt, ehe wir sie ganz zu hören bekommen. Sie heißt:

sieht der finstre Weise blinken.

Der Componist sagt aber:

sieht der finstre,
der finstre Weise,
sieht der finstre Weise blinken.

Und nun noch nach jeder dieser einzelnen abgekürzten Zeilen ein Zwischenspiel der Instrumente.

Das ärgste dabey ist noch dieses, daß alle diese Abkürzungen, alle Zwischenspiele, nicht einmal zum Aus-

Ausdrucke der einzelnen Worte etwas beytragen, und also ohne keinen weitern Endzweck sind, als den Vers völlig unverständlich zu machen: denn man versuche nur einmal, die Zeilen mit den Abkürzungen etwas langsam zu lesen, und ich wette, der Zuhörer versteht sie nicht. Und nehme man noch dazu an, daß der Gesang dieser Verse mehr, als noch einmal so viel Zeit fortnimmt, als im lesen geschieht, und daß die Pausen (—) jedesmal fast eben so lange währen, als die ganze Zeile gewähret hat. Hier sind sie:

> Eine Flasch in Phillis Hand, —
> (welch ein schöner Gegenstand!) —
> sieht der finstre —
> der finstre Weise —
> sieht der finstre Weise blinken. —

Daß hier H. H. im Nachspiel die Flasche blinken läßt, scheint mir auch nicht recht anständig zu seyn. Ich habe zwar gesagt, dergleichen Schildereyen schickten sich für die comische Oper wohl: allein hier singt der König; und wie stimmt das blinken hier mit dem übrigen edlen Charakter dieser Arie zusammen?

Die Zeile:

> wird schon durstig, will schon trinken,

ist für sich allein genommen, sehr gut ausgedrückt: denn die Musik scheint wirklich eine dringende Begierde anzudeuten: allein, wenn ich an den Charakter des Königs gedenke, so muß ich sie tadeln. Sie ist comisch, und das zwar durch die stete Wiederholung derselben kurzen Noten: und noch mehr: Sie ist niedrig comisch: dieses beweist mir eine Erinnerung an den poßierlichen Waffenträger in Herrn Hillers Lisuart und Dariolette, der denselben Gesang zu einigen lächerlichen Versen singt, und wo er ihm so vortrefflich anpaßte, daß ich ihn mir ganz besonders gemerkt habe.

Das war die erste Verfehlung der Charaktere, die ich in den Werken des Herrn Hiller finde, und die mir aus eben der Ursache um destomehr auffallen mußte.

Nachdem H. H. in der Quinte geschlossen, wiederholt er das Thema dieser Arie auf folgende Worte:

    Sehet, Phillis schenkt ihm ein;
    feurig glänzt ihr Aug und Wein,
    das sonst Unlust schien zu trüben.

Herr Hiller läßt hier dieselben Zwischenspiele zwischen jeder Zeile gehen, und hier geht es eher an, bis auf die dritte Zeile, die durch das Zwischenspiel, welches der zweyten Zeile folgt, zu sehr von dieser abgerissen wird; indessen doch noch verständlich bleibt.

Die

Die letzte Zeile:

> Er wird trinken, sie wird lieben,

hat hier denselben comischen Gesang, der in der ersten Abtheilung auf der Zeile

> wird schon durstig, will schon trinken,

stand.

Nun komme ich auf ein Lied, das ganz vollkommen schön in seiner Art ist.

> Schön sind Rosen und Jesmin,
> wenn sie noch im Lenzen
> unberührt am Stocke blühn,
> und vom Thaue glänzen.

Diese vier Zeilen sind mit dem allergefälligsten, lieblichsten Tönen gesungen; man glaubt, es könne nichts liebreicheres seyn:

> Aber reizender, als die
> blühen Iris Wangen;

Hier steigt der Gesang zu einer Höhe des Ausdrucks, der das Gefühl aufs höchste spannt,

> keusche Liebe färbte sie,
> selig, wenn sie prangen!

Zu der ersten dieser Zeilen ergreift H. H. wieder den süßen erzählenden Gesang des Thematis. Und die letzte Zeile wird mit sehr gutem Nachdrucke wiederholt, weil es die einzige Wiederholung im ganzen Liede ist.

Eben so vortrefflich, wie diese Strophe paßt, passen auch die beyden andern Strophen. Hiervor gehört dem Dichter das Lob, der bey diesen liebreichen Versen auch daran gedacht hat, sie in aller Absicht musikalisch zu machen, und die Einheit der Empfindung, und die Gleichheit der Abschnitte und Worte, durch alle Strophen, so genau beobachtet hat, daß dieses Lied ein vollkommenes Muster in der Art ist.

Ich kann mich nicht enthalten, die beyden andern Strophen auch her zu schreiben:

<blockquote>
Sanft und lieblich ist der West:
Thal und Aue lächelt,
Wenn er an der Flora Fest
Ihre Kinder fächelt:
Aber sanfter dünken mich
Worte meiner Schönen;
Ohr und Herz ergötzen sich;
Selig, wem sie tönen!

Süß ist frisch gepreßter Most
Aus den reifsten Trauben;
Süß der kleinen Bienen Kost,
Die sie Blumen rauben:
Aber süsser ist der Kuß,
Den mir Iris giebet,
Den kein dritter sehen muß:
Selig, wen sie liebet!
</blockquote>

Röse singt itzt eine Ariette, die mir ein wenig gezwungen zu seyn scheint. Im ersten Akt haben wir

wir eine andre gehört, die so wohl der Poesie, als der Musik nach, mehr in Rösens Charakter war. Ich meyne die:

<blockquote>Und käm ein Graf u. s. w.</blockquote>

Und nun Michel mit einem Liede voller einfältiger, bäurischer Fröhlichkeit; er fordert die andern auf:

<blockquote>nicht wahr? Ihr stimmt mit ein?</blockquote>

und alle singen drauf im fröhlichsten Gesange:

<blockquote>wer wünschet nicht menschlich und fröhlich zu seyn?
u. s. w.</blockquote>

Wenn ich zum Anfange sagte, H. H. habe in dieser Oper königliche Hoheit eben so glücklich ausgedrückt, als die ländliche Einfalt, so dachte ich besonders an die Arie, die itzt der König singt. Ich glaube, sie wäre eines Grauns würdig. Und bey aller der Erhabenheit, die dieses Stück hat, hat H. H. doch nicht die Stelle aus den Augen gelassen, wo sie steht. Es ist keine Arie, so wie sie für eine ernsthafte Oper seyn müßte, und wie die mehresten großen Arien in den Italienischen comischen Opern sind, von denen man nicht weis, wie sie dahin kommen.

Der König, der sich hier anders beträgt, als bey Hofe, der von ganz andern Leuten umgeben ist,

als

als gewöhnlich, und itzt eine Bauerhütte mit seinem Throne vertauschet hat, muß hier eben so wenig im strengsten Ton der Majestät singen, als er es im Sprechen thut. Wiewohl das Königliche auch bey der größten Herablassung durchschimmern muß.

Alles dieses hat Herr Hiller aufs genaueste beobachtet. Die Form des Stücks überhaupt, kurze Abschnitte und lebhafte Zwischenspiele geben dem überaus Ernsten, welches in dem Gesange der Arie herrschet, und welches die Worte nothwendig erforderten, auch Anmuth und Heiterkeit.

> Welche königliche Lust,
> seinen Thron auf Liebe gründen;

Ein kleines edles Zwischenspiel drückt diese tief in der Seele gefühlte Lust unvergleichlich aus.

> und in eines jeden Brust
> Lieb' um Liebe wieder finden!

Man gebe wohl acht, wie sich H. H. in dieser Arie aller Umkehrungen der Worte enthält, und sie ganz in ihrer Folge wiederholt. Jene würden den Worten hier ihren Nachdruck mehr benehmen, als ihn verstärken; und in dieser letzten Absicht muß man nur allein Umkehrungen mit den Worten vornehmen, sonst erhalten die Dichter ein Recht, sich darüber zu beklagen.

Der

Der Theil des Ritournells, der hier in der Mitte wiederholt wird, scheint mir ein wenig zu viel Aehnlichkeit mit dem Ritournell der vorhergegangenen Arie des Michels zu haben.

Daß H. H. die zweyte Abtheilung der Worte in der weichen Tonart singen läßt, wundert mich nicht wenig, da doch der Inhalt der Worte ein hohes Gefühl der Freude ist.

> Im geringsten Unterthan,
> Kinder, Freunde, Brüder finden,
> und der Gottheit Glück empfinden,
> daß man glücklich machen kann.

Ich dächte, eine Ausweichung in die Quarte des Haupttones hätte sich besser hergeschickt.

Der erste Theil der Worte wird mit dem Thema wiederholt. Bey der dritten Zeile macht H. H. einen Uebergang in die Quarte, der sich auch hier sehr gut ausnimmt. Die Imitation auf den Worten:

> Lieb' um Liebe wieder finden.

thut eine vortreffliche Wirkung.

Ihrer ganzen Einrichtung nach ist diese Arie ein Muster für ernsthafte Arien in comischen Opern. Der junge Componist begnüge sich ja nicht damit, nur den Auszug fürs Clavier bey solchen Stücken,

und

und überhaupt bey allen Hillerschen Arbeiten nachzusehen, er schaffe sich die Partitur davon an, und wenn er sich das Geld dazu mit Federschneiden für bessere Componisten verdienen sollte.

Der Auszug ist nur ein mageres Skelet jener schönen Werke; und mich dauert, so oft ich einen solchen Auszug ansehe, die Mühe und der Fleiß, den H. H. auf die Ausarbeitung seiner Arbeiten wendet, und die so wenige erkennen; mehr aber dauert's mich noch, wenn ich sie in dem Theater-Orchester verhunzen höre.

Es ist wahrhaftig wahr, wir Deutsche verdienen gar keinen guten Componisten zu haben. Wir schätzen Ausländer, die oft eben so wenig werth sind, die Schuhriemen vieler unsrer Componisten aufzulösen, als sie die Canons ihrer Titelblätter aufzulösen im Stande sind; Und sollen wir einen Landsmann hochachten, so muß er erst hingehen unter heißere Zonen, die Religion und die reine Harmonie abschwören. — Es ist ein Aergerniß, davon zu reden. Schreiben Sie für die italienische Sprache, mein lieber Hiller, und erndten Sie wenigstens bey Ausländern den Ruhm ein, den Sie verdienen; und den unter uns der Pöbel nur klug genug ist, zu erkennen. Ihre Landsleute verdienen Ihren Patriotismus nicht: verachten Sie sie; das ist ihr Theil. — Wir

Wir haben noch ein Quartett und das Divertissement der Jagd zu durchsehen, welches ich über meinen Eifer bald vergessen hätte.

Vollkommen ausdrückend ist der Gesang des Thematis dieser Arie. Nicht nur als Deklamation betrachtet, ist der erste Abschnitt von acht Takten sehr gut geführt, sondern auch selbst, die Empfindung der Singenden für sich genommen, ist vortrefflich dadurch ausgedrückt. Ein Herz, das voll von einer so lebhaften Freude ist, drückt seine Empfindung nicht einzeln und stückweise aus, es ergießt sich gerne, und will sich erschöpfen. Man singe die ersten acht Takte dieses Stücks, ohne die Worte dazu zu singen, und man wird gewiß den Ausdruck darinnen finden.

Hannchens Freude ist äusserst rührend. Daß nun aber Töffel und Röse ihre Freude in fast traurigen Tönen äussern, das befremdet mich. Ich vermuthete, sie würden ein ausgelassenes Geschrey erheben; das, dächte ich, wäre ihrem Charakter angemessen. In der Poesie jauchzt ja auch Töffel; er sagt:

 Reich an Liebe, reich an Freuden,
  jauchz' ich: Rös' ist morgen mein!

Röschens Antwort scheint mir aber auch in der Poesie zu kalt und nicht charakteristisch zu seyn.

freylich

freylich wirds nicht anders seyn;
denn du weißt, ich kann dich leiden.

Weiter hin, in den Worten:

morgen bist du mein.

welche sie wechselsweise singen, ist mehr Charakteristik in der Musik.

Sehr ausdrückend ist die Begleitung dieses Quartetts, welches die heiterste Freude ausdrückt.

Nun kommt das Divertissement.

Weil dies aber doch so ein gutes und fröhliches Stück ist, und hinten auch so ein Canonchen ist, von dem die Leute sagen, daß viele Tausend dran singen können; so wollen wir das lieber allesammt einmüthiglich anstimmen, als viel davon schwatzen.

Ich habe mich aus zwey verschiedenen Ursachen bemüht, die Schönheiten der Hillerischen Oper zu zergliedern. Eine: um diejenigen, die Herrn Hiller noch nicht recht kennen, und ihn muthwillig verkennen, etwas genauer mit diesem braven Mann bekannt zu machen. Ich liebe so sehr die Gerechtigkeit im urtheilen, daß mir der Mann, den ich an dem

dem Ruhme seines Nebenmenschen zwicken und schnitzeln sehe, verhaßter ist, als mir der Spitzbube seyn würde, der mir meinen Coffre vom Wagen abschnitte. Weil ich aber nicht gerne Menschen hasse, so suche ich solche Leute sehr gerne von ihrem Irrthume oder ihrer Bosheit zu überzeugen, und wo möglich, davon abzubringen.

Die zweyte Ursache, warum ich diese Zergliederung unternommen, ist, den unwissenden Componisten ein Beyspiel aufzustellen, und ihnen nach meinen Kräften den Weg zu zeigen, den sie gehen müssen. Ich habe die Angewohnheit, jedem Fremden, den ich auf der Straße herum irren sehe, mich zum Führer anzubieten; und wenn ich den Weg, den er gehen will, gleich selbst nicht allemal aufs genaueste weis, so suche ich ihn mit ihm, und erleichtere ihm dadurch wenigstens die Mühe, oder mache sie ihm durch die Gesellschaft, und durch ein menschenfreundliches Geschwätz erträglicher. Bishero hat mir noch keiner dafür gedanket; ich hoffe, die jungen Herren Musiker werden es doch auch wohl nicht thun.

G Ich

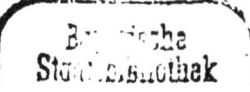

Ich habe aber auch nicht die kleinen Fehler oder vielmehr Nachläßigkeiten dieses Stücks übersehen. Und dieses theils, um zu zeigen, daß ich auch für den Mann, den ich verehre, nicht parteyisch und blind bin; theils aber auch, weil ich dadurch Gelegenheit erhielt, manche Bemerkung und Warnung dem noch unerfahrnen Componisten zu geben.

Von Herrn Hiller bin ich überzeugt, daß dieses keinen Bruch unsrer Freundschaft verursachen wird. Er weis das, was ich gesagt habe, so gut wie ich; und billig sollte er sich mit mir ärgern, daß er sich so viel Mühe mit unserm deutschen Theater gegeben hat.

Um auch den Dichtern unsrer comischen Opern wenigstens in Ansehung der Versification etwas zu sagen, hänge ich dieser kleinen Schrift einen freundschaftlichen Brief über die musikalische Poesie an, den ich kürzlich an meinen Freund geschrieben. Die Herren werden ihn sich so gefallen lassen, wie er ist; ich habe weder Zeit noch Lust, ihn in irgend einem Stücke abzuändern.

Es ist freylich nichts darinnen über die comische Oper gesagt worden, und zu einem Zusatze würde es zu viel seyn, was ich darüber zu sagen hätte. Ich behalte mir dieses vor, in einer Abhandlung über die wahre comische Oper zu thun; wenn ich erst werde dem Leser mit der italienischen und französischen comischen Oper bekannt gemacht haben. Beydes will ich auf dem Boden thun, wo sie entstanden.

Auch suche ich alle comischen Opern dieser drey Nationen kennen zu lernen, um hernach zur Vollständigkeit dieser einzelnen Abhandlungen ein raisonirendes Verzeichniß derselben hinzu zu thun.

Ich hoffe und verspreche dieses im künftigen Jahre zu bewerkstelligen. Man sehe es indessen nur als eine Nebenbeschäftigung bey mir an; indem das Studium der ernsthaften Oper meine Hauptarbeit ist. Da dieses aber ein wichtigeres und weitläuftigeres Feld ist, so werde ich mir mehr Zeit dazu nehmen, um etwas davon zu sagen.

Ich weis es, daß ich zur Vollständigkeit dieser Abhandlung, auch von der Beschaffenheit unsers Theaters ausführlicher seyn sollte; und wenn die Rede von der italienischen comischen Oper ist, so wird dieses mit ein Hauptumstand seyn; Allein von dem unsrigen hält mich Patriotismus ab, ins Detail zu gehen, und lieber lasse ich meine Abhandlung so unvollständig, als unser Theater selbst ist; ehe ich noch mehr zur Schande meines Vaterlandes sagte.

Anhang
eines
freundschaftlichen Briefes
über
die musikalische Poesie.

An
Herrn Kr. B. in M.

Freundschaftlicher Brief
über
die muſikaliſche Poeſie.

Du tadelſt mich, Freund, daß ich mich ſo oft über die unmuſikaliſche Poeſie der mehreſten unſrer Dichter, die Singeſtücke ſchreiben, beſchwere, ohne ihnen einige Fingerzeige zu geben, wie ſie es beſſer machen ſollen. Du haſt Recht. Ich ſelbſt bin der Meynung, daß der nur das Recht zu tadeln haben ſollte, der zugleich die Mittel zur Verbeſſerung anzugeben weis. Der dieſes nicht im Stande iſt, muß ſeinen Tadel wenigſtens bedingt ſagen, und dann gilt er nur für ſeine Perſon allein. Ja man kann hinzu ſetzen, daß jener billig nicht nur die Mittel wiſſen muß,

muß, er muß auch ſelbſt Erfahrung im Gebrauch derſelben haben. Denn ſo wie bey philoſophiſchen Syſtemen oder Hypotheſen, ſehr vieles wegfällt oder auch eine andere Geſtalt bekömmt, ſo bald es ausgeführt werden ſoll; ſo auch mit den Regeln und Vorſchriften einer Kunſt, und dieſes beſonders in Anſehung der Wirkung.

Ich könnte Deine Ausforderung indeſſen mit zwey Worten von mir ablehnen, wenn ich Dir ſagte: lies Krauſen von der muſikaliſchen Poeſie. Allein ich kenne Deinen Einwurf ſchon. Die Unordnung und Weitſchweifigkeit dieſes Buches, in welchem viele Wahrheiten und Feinheiten ſehr gut geſagt ſind, die ſteht Dir nicht an. Indem Du wiſſen willſt, was der Dichter zu beobachten hat, willſt Du nicht das alles und alles unter einander gemengt mitleſen, was der Componiſt, der Sänger, der Inſtrumentaliſt und allenfalls auch wohl der Theatermaler zu beobachten hat. Ich geſtehe ſelbſt, daß dieſes ein verdrießlicher Fehler dieſes Buchs iſt, der ihm vieles von ſeinem Nutzen und auch von ſeiner Annehmlichkeit entzieht; ich ſehe auch ſehr wohl ein, wie fehlerhaft es iſt, daß Krauſe alles nur nach der Muſik beſtimmt hat, die ſeit etlichen zwanzig Jahren unter uns herrſcht,

und

und nicht daran gedacht, wie sie eigentlich seyn sollte. Es sind alles nur Regeln und Vorschriften, die die Italiener theils schon angenommen und festgesetzt hatten, und von denen vieles auf unsre Sprache gar nicht paßt; (an diese hat er eigentlich gar nicht gedacht,) oder es sind seine eigenen Erfahrungen, aus denen er Schlüsse zieht und Regeln festsetzt, ohne vorher zu untersuchen, ob die Sache an und vor sich selbst gut sey. Und dann sind seine Schlüsse sehr selten richtig. Auch ist die Wahl der Beyspiele nicht allemal die beste; und von den deutschen Beyspielen könnte man fast sagen, daß sie durchgängig schlecht sind. Hierinnen entschuldigt ihn aber gewissermaßen die damalige Verfassung der deutschen Poesie: wenn er aber Beyspiele aus den Werken eines Vilati ausführet, da er den Metastasio vor sich hat; dann ist keine Entschuldigung für ihn zu finden. Indessen ist doch so vieles gutes in dem Buche enthalten, daß ich recht sehr wünsche, es möchte sich ein verständiger und geschmackvoller Mann darüber machen, um es in Ordnung zu bringen, das Ueberflüßige abzuschneiden, das Mangelhafte hinzu zu thun; das Schiefe oder Unrichtige zu berichtigen; hauptsächlich aber müßte er unsre Sprache stets vor Augen haben.

Um

Um Dich aber indessen nach meinen Kräften zu befriedigen, so will ich Dir dasjenige, was mir itzt darüber einfällt, herschreiben.

Derjenige Dichter oder Componist, der da saget, die deutsche Sprache wäre der Musik nicht fähig, sagt damit seine eigne Schande. Denn wenn man die deutsche Sprache genau untersucht, so findet man, daß sie dem Poeten und dem Componisten freylich mehr Mühe macht, als die italienische, und daß bey beyden mehr gründliche Kenntniß der Sprache erfordert wird, um ein gutes Singestück hervorzubringen: nichts desto weniger aber ist sie deshalb nicht unmusikalisch. Der deutsche Dichter, der für den Gesang schreiben will, muß die Sprache auf das allersorgfältigste studirt haben, um alle das Unmusikalische, so sich in unsrer Sprache befindet, vermeiden zu können, ohne doch dem Ausdrucke der Empfindungen und Leidenschaften dadurch zu schaden. Auch in der italienischen Sprache ist nicht jedes Wort musikalisch, und daher hat auch Italien noch zur Zeit nur einen Metastasio; und eben daher auch die große Einförmigkeit dieses Dichters. (a)

Jn

(a) Metastasio bedient sich gewiß nicht des sechsten Theils der Worte, die seine Sprache hat, und in den Arien vielleicht nicht des zehnten Theils, weil die übrigen nicht musikalisch genug sind. Daher ist es denn nothwendig, daß die Arien von einerley Empfindung auch einen sehr einförmigen Ausdruck haben müssen.

Indessen sind der Schwierigkeiten doch weniger in der italienischen Sprache; und hat diese der Dichter einmal überwunden, so ist hernach für den Componisten alles musikalisch. Bey der deutschen Poesie hingegen kann der Dichter die Schwierigkeiten niemals so vollkommen überwinden, daß nicht auch noch vieles für den Componisten übrig bliebe, so ihm Mühe mache; und besonders alsdann, wenn dieser durchaus ganz italienische Musik auf deutsche Worte zwingen will. Denn hierzu kann ihm der deutsche Dichter niemals seine Poesie vollkommen geschickt machen (b). Aber auch der Componist

studiere

(b) Man nehme nur allein die häufigen Ausdehnungen der Worte bey den Italienern, wo oft hundert Noten auf einer Sylbe stehen, und man wird einsehen, welche Schwierigkeit dieses für den deutschen Dichter wäre. Denn wenn das Wort zu einer solchen Ausdehnung geschickt seyn soll, so muß es nicht nur auf der langen Sylbe einen offenen Vokalen haben, damit der Sänger die Noten mit offenem Munde singen kann, es muß auch wichtig genug seyn, um ihm so viel hervorstechenden Nachdruck zu geben. Wo sind nun die häufigen deutschen Worte, die alle diese Eigenschaften haben? Selbst dem italienischen Dichter mangelt es zuweilen daran, daher denn die Componisten, weil eine jede Arie einmal solche ausgedehnte Worte mit bunten Noten haben soll, nicht selten die allerunbedeutendsten Worte ausdehnen, wenn sie nur einen offenen Vokalen haben. Ich kann mich hier doch aber nicht enthalten, unsre deutschen Componisten vor einem Gebrauch zu warnen, der mir bey den italienischen Singcomponisten immer sehr anstößig ſtudiere die Sprache und unterſuche, was ſich für Muſik am beſten dazu ſchicke; was er von der italieniſchen und franzöſiſchen Muſik, (denn man verachte dieſe ja nicht ganz,) beyzubehalten habe, und was er nicht nutzen kann und muß; er wird dadurch auf neue Spuren geleitet werden, und wir können vielleicht auf dieſe Art eine Original-Muſik erhalten.

Wenigſtens iſt dieſes der einzige Weg, auf dem wir dazu gelangen können.

Die häufigen Mitlauter in unſrer Sprache ſind die Haupturſache, warum ſie weniger muſikaliſch iſt, als

---

anſtößig geweſen iſt, und der mir, trotz meiner Liebe für Italien, jederzeit anſtößig bleiben wird. Es iſt dieſes das Ausdehnen der letzten Sylbe einer Arie, wie z. E. bey dieſen Worten: ch'altra face in ſe non à, der letzten Sylbe einen langen Laufer zu geben. Der Componiſt hat dabey die Abſicht, der Arie einen brillanten Schluß zu geben, und dem Sänger dadurch den Beyfall der Zuhörer zu verſichern; (denn wer weis nicht, wie viel ein guter Abgang des Schauſpielers wirkt.) Ich will die Abſicht eben nicht ganz verwerfen; allein es iſt ſo ſehr viel Widerſinniges darinnen, daß man ſich doch wenigſtens bemühen ſollte, es ſo viel als möglich zu mindern. So könnte man bey den angeführten Worten, wenn es einmal gelaufen ſeyn ſoll und muß, lieber die erſte Sylbe des Wortes face dazu gebrauchen. Dieſer Fall findet in italieniſchen Poeſien ſehr oft ſtatt; iſt aber dieſe Vermittelung nicht möglich, ſo nehme man die Inſtrumente zu Hülfe, und mache durch dieſe den Ausgang der Arie glänzend.

als die italienische; der musikalische Dichter wird sich also für die Aufeinanderhäufung derselben, so viel, als möglich, in Acht nehmen; und sie also bestmöglichst mit Selbstlautern zu vermischen suchen; wozu besonders der Buchstabe e sehr öfters gebraucht werden kann. Daher ist es auch unmusikalisch, die zweysylbigen Wörter zu einsylbigen zusammen zu ziehen, wenn dadurch die Mitlauter gehäuft werden. Wie z. E. aus schmückest, schmückst zu machen. Dieses Wort ist an sich schon, durch den Buchstaben ü unmusikalisch, und wird es durch die Abkürzung noch mehr. Das ü und ö ist aber dadurch fast ganz unfähig des Gesanges, weil der Mund dabey geschlossen werden muß; und die erste Regel des Gesanges ist, mit offenem Munde zu singen. Da sie dem Dichter aber doch zuweilen unentbehrlich sind, so rathe ich jedem Sänger, sie lieber wie i und e auszusprechen; wie es auch in Obersachsen in der gemeinen Sprache gebräuchlich ist. Man wird also dadurch nicht unverständlich werden. Eben so ist auch der Buchstabe ch in unsrer Sprache sehr unmusikalisch, weil der Ton, der dazu gehöret, etwas durch die Nase gehet; und also nicht frey heraus gesungen werden kann. Auch hierinnen rathe ich dem Sänger, das ch mehr wie g auszusprechen. Eine höchst nöthige Pflicht des

Sängers

Sängers ist es auch, die Consonanten am Ende der Sylben an die Anfangsvokalen der folgenden Sylben zu hängen. So suche auch der musikalische Dichter so viel als möglich, am Ende der Worte Vokalen zu setzen. Ich weis, daß dieses in unsrer Sprache sehr schwer, und oft unmöglich ist, und daß dieses ein Hauptvorzug der italienischen Sprache ist; allein der unermüdete Fleiß des Dichters wird es doch zum Theil überwinden können.

Was die Schreibart des musikalischen Dichters anbetrifft, so muß diese so ungezwungen, deutlich, fließend und rührend als möglich seyn. Hat der Dichter einen Hang zur gedrungenen, bilderreichen Schreibart, so muß er diesen dem Componisten aufopfern: denn nicht der Verstand und die Einbildungskraft, sondern das Herz ist der Hauptgegenstand der Musik. Der Componist opfert ihm dafür wieder seine Freyheit auf, die er in Instrumentalsachen hat. Die Sprache des musikalischen Dichters sey überhaupt die natürliche Sprache der Empfindungen und Leidenschaften. Daher er denn auch diese vor allen Dingen auf das sorgfältigste studieren muß; denn sie allein ist die Sprache, die der wahren Musik fähig ist. Hauptsächlich ist mein Rath für die musikalischen Dichter dieser, daß er sich nicht an die gewöhnlichen Formen der Singstücke

Stücke binde; nicht just Oden, Cantaten oder Opern mache; sondern er wähle ein Sujet, welches eine für das Herz interessante Handlung hat; und dieses behandle er nach der Art der guten dramatischen Dichter. In der Versifikation erlaube er sich alle Arten der Sylbenmaaße, und wähle zu jeder Stelle, zu jeder Scene das Sylbenmaaß, von dem er glaubt, daß es zu dem Ausdrucke der Empfindung am geschicktesten sey. Nunmehr aber überlasse er es dem verständigen und empfindungsvollen Componisten, seine Verse zu Recitativen, Ariosen, Arien, Duetten und Chören abzutheilen. Hierzu ist dieser am geschicktesten; und wenn der Dichter seine handelnde Personen jederzeit die wahre Sprache der Natur hat reden lassen, und sich der Musikus recht in die Situationen jener zu versetzen weis, so wird ihm dieses jederzeit gelingen und leicht werden. Es ist dieses auch der einzige Weg, den Componisten auf neue Spuren zu bringen; der einzige Weg für uns, eine eigene Musik zu bekommen. Der musikalische Dichter darf sich der Bilder und der Malereyen nicht gänzlich enthalten, nur muß er sehr behutsam damit umgehen. Er muß nicht eher malen, als bis es die Situation oder die Empfindung der handelnden Person erfordert, und gerade zu Anlaß dazu giebt; und es also zum Ausdrucke oder

auch

auch Verstärkung derselben nothwendig ist: dem Sachen sind nicht für den Musiker, aber wohl die Empfindung, die sie ausdrücken. Herr Krause, als ein Verehrer von Telemann, mit allen seinen Fehlern sowohl, als seinen Verdiensten, ist in seiner Abhandlung von der musikalischen Poesie zu nachsichtig für die Malereyen, ja er scheint selbst dafür eingenommen zu seyn. Er spricht von dem Rieseln des Bachs, dem Lispeln des Zephirs, dem Gesange der Nachtigall nicht anders, als wenn dieses eigentlich der Gegenstand der Musik wäre. Wiewohl er an andern Orten wieder sagt, daß nicht Witz und Einbildungskraft, sondern das Herz der Gegenstand der Musik sey. Herr Krause vermischt hier die Malereyen, die bloßes Spielwerk des Witzes sind, und nur das Ohr des Zuhörers kitzeln, und die, die eigentlich nur darauf abzielen, um die Empfindung, die damit verbunden ist, auszudrücken und zu erregen. Von der ersten Art z. E. ist dieses, wenn Telemann durch das Abknippen der Töne auf der Violine das Annageln ans Kreuz ausdrücken will, u. a. m. Diese sind geradezu zu verwerfen, und müssen für unanständig und kindisch gehalten werden (c).

Wenn

(c) Matheson hat diese läppische Spielereyen noch viel weiter getrieben, indem er nicht nur auf so kindische Weise für das Ohr gemalet hat, sondern sogar einmal in der Musik fürs

Wenn aber Hiller in der Jagd, während des Sturms eine wilde, rauschende Symphonie spielen läßt, so geschieht dieses nicht, um das Sausen und Brausen des Windes auszudrücken, sondern um bey dem Zuhörer dieselbe Empfindung zu erregen, die ein Ungewittersturm bey ihm erregt.

Auch lege sich der musikalische Dichter nicht allezeit den Zwang der Reime auf; er wird dadurch unendlich in der Beobachtung der nothwendigen Eigenschaft der guten musikalischen Poesie gewinnen, und meiner Meynung nach wird das Singestück nichts dadurch verlieren: denn durch das Dehnen der Worte im Gesange geschieht es sehr oft, besonders, wenn die gereimte Zeile nicht gleich darauf folgt, daß der Reim nicht gehört wird. Dieses Dehnen der Worte, wodurch eine Periode oft dreymal länger dauret, als in der Sprache, macht auch die Regel für den musikalischen Dichter nothwendig, daß die Perioden kurz und so viel als möglich ohne

fürs Auge malte. Was that er? Er fand in seiner Poesie das Wort Regenbogen; um diesen nun in seiner Composition zu bezeichnen, setzte er in der Partitur die Stimmen durch Pausen so, daß sie in der Form eines Bogens zu stehen kamen, und um ihm auch die ganze Gestalt des Regenbogens zu geben, schrieb er die Noten mit blauer, gelber, grüner, rother und violetter Farbe. O über das alte Kind!

viele Einschlebsel seyn müssen. Ueberhaupt hüte sich der musikalische Dichter vor der Weitschweifigkeit, und dieses, wenn er in den gewöhnlichen Formen schreibt, nicht nur in den Arien, sondern auch in den Recitativen. Das heißt aber nicht, er soll kurze Recitative machen, damit er bald wieder zur Arie kömmt; ich wollte eher sagen, er mache längere Recitative und weniger Arien, so wird die Einrichtung ein wenig natürlicher werden: denn nicht oft steigt der Affekt so hoch, daß Rede und Deklamation nicht hinlänglich zum Ausdrucke wären, und also Gesang nothwendig ist. — Nein, er sage alles, was seine Personen uns Interessantes zu sagen haben; nur nichts Ueberflüßiges mögen wir hören. Ich sage wir, wir Leute von gutem Geschmack und von richtigem Gefühle; für die andern wird er doch wohl nicht schreiben wollen? Krause verlangt zwar kurze Recitative, weil es Leute giebt, die nicht Geduld haben, die langen zu hören; und weil es Sänger giebt, die die Recitative nicht pathetisch singen; und weil die Componisten nicht Neuheit und Gefühl genug hinein bringen; ja wohl gar, wie Telemann, alle Einmischung kurzer ariose Sätze, bey nachdrücklichen Fällen, für Fehler gegen die Recitative halten. Das hieße ja aber, seine Theorie der Malerey für Ueberfichtige und Schielende ein=

einrichten. Krause bestimmt auch so gar, wie die Männchen und Weibchen gegen einander abwechselnd singen, und wie viel Minuten jedes singen soll. — Ich sage es noch einmal, das erste, so ich dem musikalischen Dichter rathe, ist dieses, daß er von den gewöhnlichen Formen der Singestücke abgehe. Er betrachte sie nur selbst, und er wird finden, daß sie fast alle nichts taugen. Die Form der Cantate ist unter den bisherigen noch die allernatürlichste. Wie lächerlich und steif ist nicht die bisherige Form unsrer Oden: denn gleich widersinnig ist es, von dem Poeten zu verlangen, daß er eine Ode von vielen Strophen ganz in einer Empfindung schreiben soll, daß die Zeilen jeder Strophe, einzeln gegen einander, Worte von eben der Bedeutung, eben der Quantität der Sylben, haben sollen; daß in der zweyten Strophe an eben derselben Stelle ein Comma, oder ein Punkt stehen soll, wo er in der ersten Zeile steht, u. s. w. als es höchst widersinnig ist, von dem Musiker zu fordern, er solle eine Musik machen, die auf alle Strophen einer Ode paßt, die nicht jene Eigenschaften habe. Wie unnatürlich und wie wenig musikalisch die Form der Ode ist, bemerkt Krause sehr richtig in folgender Stelle. „Wir haben im Alterthume „einen artigen Beweis, daß die Oden nicht recht

„musika=

„musikalisch sind. Der griechische Dichter Aeschy=
„lus erhielt sehr großen Beyfall, als er die Chöre
„der Tragödien nicht mehr, wie zuvor, nach
„einerley Versart oder in Strophen abfaßete, son=
„dern sie in einen Satz, Gegensatz und Schlußsatz,
„oder Strophe, Antistrophe und Epodos abthei=
„lete, wodurch die Tonkünstler ihre Melodien
„viel leichter, nach der Verschiedenheit der Gedan=
„ken des Dichters, einrichten konnten. Pindar
„that solches nach; und wenn sich jetzo noch eine
„Art der Oden gut componiren ließe, so wären
„es die Pindarischen, wenn man nämlich jeden
„Absatz derselben besonders in Noten brächte, und
„doch das Uebrige in der Musik odenmäßig ein=
„richtete. Ein C. P. E. Bach würde den Aus=
„druck des heftigsten Affekts, der verwegensten
„Veränderungen, eben so wohl in Tönen finden,
„als sie der feurigste Dichter in den Worten ge=
„funden hätte. Eine Pindarische Ode könnte auch
„so in die Musik gesetzt werden, daß der Satz
„eine Arie, der Gegensatz recitativisch, und der
„Schlußsatz wiederum eine Arie würde; nur müßte
„alsdenn das Recitativ recht lebhaft und feurig,
„oder gar ariosenmäßig componirt werden." Um
Dir dieses, mein Bester, deutlicher zu zeigen,
und zugleich das Vergnügen zu haben, von Dir

und

und mir ein paar Worte zu sprechen; so will ich Dir hier deine eigene Ode an Selinen, wie ich sie nämlich componirt habe, zergliedern. Ich will sie erst herschreiben, um sie vor Augen zu haben.

Kein Mißgeschick droht unserm Leben,
Das Cytherea nicht verflißt;
Wer lebt, von einem Helden Arm umgeben,
Dem nicht sein Wasserquell wie Nektar fließt,

Dem nicht am Abend und am Morgen,
Zufriedenheit und Wonne lacht;
Indeß den Liebeleeren schwarze Sorgen
Umfaßen, Gram bey seinem Bette wacht.

Seline, wenn sich Wetterwolken zeigen,
Der Erdkreis still erwartend liegt,
Und jeder Vogel von des Baumes Zweigen
Mit seiner Gattinn hin zur Höle fliegt,

Und nun vor nahen Donnerschlägen
Dein weichgeschaffnes Herz erbebt,
Empfindungen für fremdes Leid sich regen
Voll banger Ahndung sich dein Busen hebt:

Dann sey dein Selim dir zur Seite
Und führe dich an seiner Brust;
Küß deine Thränen auf und sey beym Streite
Der nächt'gen Elemente deine Lust.

Hiervon habe ich nun die ersten sechs Zeilen übermäßig componirt, das heißt, ich habe einen Gesang dazu gewählt, dessen Charakter Zufriedenheit und stille Freude ist, und den ich ohne öftere Wiederholungen bis zu der Mitte der zweyten Strophe fortgesetzt, wo er in der Quinte des Hauptttons schließt. Da lasse ich aber, weil sich der Affekt ändert, ohnerachtet die Strophe noch nicht zu Ende ist, das Recitativ eintreten. Hierdurch erhältst Du nun die Freyheit, den Sinn aus einer Zeile in die andere zu ziehen, welches Dir sonst, im Fall Du sie als musikalische Ode betrachtest, nicht erlaubt wäre. Ich fahre mit dem Recitativ, welches immer stärker und feuriger wird, bis zum Ende der vierten Strophe fort, wo ich wieder beym Anfange der letzten Strophe meinen ersten Gesang ergreife, den ich nun mehr ausführe, und der am Ende durch Anlaß Deines schönen und starken Schlusses, am feurigsten wird. Ich fühle es, daß Du diese Ode mit sehr warmer Empfindung gemacht hast, und daher wurde sie mir, der ich jederzeit bey Lesung Deiner Gedichte durch die höchste Sympathie der Freundschaft ganz in dein Feuer versetzt wurde — so leichte zu componiren; und die Form, die ich dazu gewählt, scheint mir auch daher natürlich und passend zu seyn.

Diese

Diese Art Oden zu componiren kann aber schon zum Geschlechte der Cantaten gerechnet werden. Nach dem, was Krause in der angeführten Stelle vom Aeschylus sagt, scheint er der Meynung zu seyn, daß die Alten, vorhero, ehe dieser die Verschiedenheit der Sylbenmaaße in seine Chöre brachte, alle Strophen ihrer Oden, so wie wir, unter einem angenommenen Gesange gesungen haben, welcher Meynung ich aber um desto weniger beypflichten kann, da ich mich nach alle dem, was ich über die Musik der Alten gelesen, und aus den Werken ihrer dramatischen Dichter geschlossen, davon überzeugt habe, daß sie den Gesang, wie wir ihn heute zu Tage nehmen, eben so wenig gehabt haben, als die Harmonie, und daß die Deklamation ihre einzige Musik war. Dabey kann ich es mir aber sehr leicht denken, daß Nationen, ich meyne sowohl die Griechen, als die Römer, die es in allen andern Künsten zu einem so hohen Grad der Vollkommenheit gebracht, daß diese auch die Deklamation in weit höherem und vollkommnerem Grade in ihrer Gewalt gehabt haben, als wir heut zu Tage. Und alsdann wundert es mich gar nicht, daß ihre Musik solche große Wirkungen hervor gebracht hat. Denn wie weit der Eindruck einer starken und mächtigen Deklamation den

Eindruck des Gesanges und oft auch der Harmonie übertrifft; das fühle ich bey der Aufführung jedes Singstückes, wo mich das starke deklamirte Recitativ oder Accompagnement, wie man es auch nennt, immer am allerstärksten rührt. Du könntest mir hier den Einwurf machen, daß die harmonische Begleitung der Instrumente sehr vieles dazu beygetragen hätte: allein Du mußt dafür auch wieder dieses betrachten, daß bey den Alten ganze Chöre diese starken Töne der Deklamation verdoppelten, und sie dadurch tief eindrückender machten. Von welchem entsetzlichen Effekt aber die bloße Verdoppelung einer lebhaften Deklamation ohne Beyhülfe aller Harmonie ist, das habe ich in dem vortrefflichen Chor der Bachischen Paßion: Lasset uns aufsehen auf Christum; und in einer Gluckischen Oper, durch ein Chor der Furien erfahren. Dazu kommt auch noch der weise Gebrauch, den die Alten von ihrer Musik machten. Nicht immer und nicht einmal oft bedienten sie sich in ihren Tragödien dieser starken Deklamation; nur da, wo die Empfindung am allerhöchsten stieg, bey den allerwichtigsten Stellen, wo die einzelne Stimme des Schauspielers nicht stark genug war, da traten die Chöre ein.

Wenn

Wenn wir also dieses annehmen, daß die Musik zu ihren Oden sehr von der unsrigen unterschieden war; so ist auch das ein sehr wunderliches Urtheil von Herrn Krause, daß er sagt, Horazens Oden wären nicht zur Musik geschickt, und zwar aus der Ursache, weil er in Ansehung des Aeusserlichen nicht die geringste Absicht auf die Musik gehabt. Freylich, auf unsre Musik mag wohl Horaz keine Absicht gehabt haben. Daß aber die Neuerung des Aeschylus so großen Beyfall erhalten, scheint mir eben noch kein Beweis zu seyn, daß sie die Oden vorhero so gesungen haben sollten, wie es bey uns gebräuchlich ist, sondern ich finde vielmehr einen Beweis dafür darinnen, daß sie ihre Oden vielmehr deklamirt als gesungen haben, und dadurch das Sylbenmaaß des Dichters deutlicher ausgedrückt, als es im Gesange geschiehet: denn sonst hätte eine Abänderung des Sylbenmaaßes, die bey unserm Gesange kaum bemerkt worden wäre, keine solche große Wirkung thun, und ihm den wichtigen Beyfall zuziehen können.

Ich freue mich immer, wenn ich jetzo Componisten sehe, die sich Mühe geben, neue, ausdrückende Sylbenmaaße eines Klopstocks in ihren Gesängen hören zu lassen: denn ich halte auch dieses für ein Mittel, auf neue Spuren zu kommen, und unserm

einför=

einförmigen und schleppenden Gesange dadurch eine bessere Gestalt zu geben. Freylich kann der Dichter nicht verlangen, daß seine malerischen Sylbenmaaße, die bey ihm das einzige Mittel zum musikalischen Ausdrucke sind; daß diese der Componist zu seinem Hauptaugenmerke mache: denn dieser hat Mittel in Händen, weit höhere Grade des Ausdrucks zu erreichen, die er deshalb vernachläßigen müßte; so wie der Maler Kühnheit und Stärke seinem Pinsel rauben würde, wenn er jederzeit die Linien des Zeichenmeisters ängstlich vor Augen hätte.

Leipzig,
gedruckt bey Bernhard Christoph Breitkopf
und Sohn.